我们一起解决问题

「新装版」人を活かす経営

企业即人

松下幸之助以人为本的经营之道

【日】松下幸之助 著

李 静 译

人民邮电出版社

北 京

图书在版编目（ＣＩＰ）数据

企业即人：松下幸之助以人为本的经营之道 /（日）松下幸之助著；李静译. -- 北京：人民邮电出版社，2017.8（2024.3重印）
ISBN 978-7-115-46630-3

Ⅰ.①企… Ⅱ.①松… ②李… Ⅲ.①松下幸之助（1894-1989）－商业经营－经验 Ⅳ.①F715

中国版本图书馆CIP数据核字(2017)第184899号

内 容 提 要

松下幸之助的成功，不仅在于他是赚钱的好手，是优秀的企业家，还在于他是一个真正懂得人性的人。他的许多经营理念，实质上是基于他对人的认识。松下幸之助很注重对员工的教育。他用一句话概括自己的经营哲学："首先要细心倾听他人的意见。"

本书中，松下幸之助结合多年积累的企业管理经验，从信赖关系、说服策略、人的经营、自省之道以及坚守信念等方面阐述了其长期以来贯彻的企业管理理念、经营模式，以及育人、用人的方法。书中，松下幸之助从各个方面考察了有关人的种种问题，并结合具体事例进行了分析。

本书适合企业经营管理人员、人力资源从业者以及其他对松下幸之助感兴趣的读者阅读。

◆　　　著　　　［日］松下幸之助
　　　　　译　　李　静
　　责任编辑　姜　珊
　　执行编辑　董晓茜
　　责任印制　焦志炜

◆ 人民邮电出版社出版发行　　北京市丰台区成寿寺路 11 号
　邮编 100164　　电子邮件 315@ptpress.com.cn
　网址 http://www.ptpress.com.cn
　北京捷迅佳彩印刷有限公司印刷

◆ 开本：880×1230　1/32
　　印张：7.25　　　　　　　　　　　2017 年 8 月第 1 版
　　字数：85 千字　　　　　　　　　2024 年 3 月北京第 17 次印刷

定　价：45.00 元
读者服务热线：（010）81055656　印装质量热线：（010）81055316
反盗版热线：（010）81055315
广告经营许可证：京东市监广登字 20170147 号

出版者的话

<<<<<<

在日本的企业界有四位传奇人物，分别是松下的创始人松下幸之助、索尼的创始人盛田昭夫、本田的创始人本田宗一郎和京瓷的创始人稻盛和夫。他们一般被称为日本的"经营四圣"。在这"四圣"之中，松下幸之助更是被尊为"经营之神"。

无论在哪个国家的企业界，能获得成功的企业家都不计其数，但能够提炼出经营之道的企业家却为数不多，能够成为众人推崇的"神圣"级别的人物则更是凤毛麟角。而松下幸之助，无疑在企业界建立起了一座丰碑。他不但创立了一家享誉全球的成功企业，而且提出了一套具有普遍意义的经营哲学。

松下幸之助一生获得的荣誉数不胜数，他在日本国内获得五次授勋；在国际上，获得荷兰、巴西、比利时、西班牙等国家的授勋或爵位。作为仅仅上过四年小学的人，他晚年孜孜不倦地著书立说，写作了大量浅显易懂又富含哲理的文章。由于他的这些成就，1965 年，松下幸之助获得日本早稻田大学的名誉法学博士称号；1986 年，获得美国马里兰大学的名誉博士称号。不可否认，松下幸之助逝世后，松下集团的经营产生了种种问题，但这并不能抹去松下幸之助的成就和思想贡献。正如福特公司和通用公司的荣光虽然不复当年，但亨利·福特和艾尔弗雷德·斯隆却盛名常存一样，松下幸之助的实践、思考以及著作，都给后人留下了一笔宝贵的财富。

其中，他提出的"素直之心"和稻盛和夫提出的"敬天爱人"同样朴素，也同样都是我们经营企业的重要原则。稻盛和夫师从松下幸之助，所以二人的理念有许多地方一脉相承，他们都顺应时代趋势，从东方文化中汲取养分，发展出一套经营和处世的哲学体系，并在企业和社会中推广践行。他们骨子里都有一种与生俱来的大爱和使命感，始于事而不止于事，始于利终不止于利。因此，他们的著作中传达的是一种道而非术。

在互联网时代，创业不难，持续经营才是难题；在信息时代，获取信息并不难，甄别和决断才是难题；在物质文明高度发达的时代，生存并不难，拥有幸福感和平常心才是难题。我们惊讶地发现，这些难题在松下先生的著作中都有解答。

2014 年是松下幸之助诞辰 120 周年，同时也是他逝世 25 周年之际，其一手创办的 PHP 研究所，在松下第三代传人松下正幸的主持下，重新整理出版了松下的一批著作。这些著作均为松下亲笔撰写或者通过口述形式整理而成，这些书在日本甚至在全世界都影响深远，无数读者都曾有意或无意地研习过松下的经营理念以及人生哲学。

为了给国内的读者系统、完整地介绍松下幸之助的管理理念和独特思想，也为了更好地面对当前企业经营的难题，我们精选了其中的八本著作，内容涵盖松下幸之助的哲学观、决断艺术、用人育人之道、经营之道、人生观、对未来领导者的建言，以及体现松下思想精华的"素直之心"和"日日新"，共八个方面。

这八个方面传达的都是道，而不是术。术是生长在道上的一种方法，而道则需要我们躬身践行。知易行难，希望大家通过阅读这套书，都能摆脱既有观念、知识、经验和情感的束缚，修得一颗素直之心，发现事物的真相和本质，更好地经营企业和生活。

2017 年 5 月

前 言

<<<<<<

　　企业经营，可谓包罗万象，既涉及制造，也涉及销售；不仅囊括人事问题和涉外问题，而且连人生经历、社会形势也涵盖在内。

　　但不管怎样，最终而言，都可归结为人的问题。小本经营也好，商业行为也罢，能够左右其内容和方式的，是活生生的人。这世间所有的一切，都少不了人的参与。不管什么样的问题，追本溯源，可以说正是因为跟人有了瓜葛，才成了问题。这是不言而喻的。企业如此，经营、商业亦如此。

　　有鉴于此，我们需要时刻意识到人的问题才是大问题，还得持之以恒地探求其本质，这是至关重要的工作。彻底弄清人的本质，并将其融会贯通到实际业务的各个方面，便能使每个人都展现出最理想的姿态。

　　本书从各个方面思考有关人的种种问题，并在具体事例中进行观察分析。这样做，真的能对大家有所助益吗？我心下是惴惴不安的。但是，如今我们置身于瞬息万变的环境之中，"人尽其才"显得尤为重要。因此，我只能"当仁不让"，试着用这种方式归纳总结一番。

　　阁下惠览此书，不才不胜喜悦。

松下幸之助

1979 年 8 月

目 录

<<<<<<

序章　为了更好地育人用人 / 1

"人"才是最宝贵的 / 3

明确企业经营的使命 / 6

发挥每个人的特长 / 9

第一章　信赖关系的经营 / 11

信任的价值：把秘诀教给员工 / 13

信誉之道，买卖之道：初次上东京售卖货品 / 18

满腔热忱打动人心：学徒时代售卖自行车的经历 / 23

委以重任：年轻人设置的办事处 / 29

待人处世不为利害关系所动：久保田权四郎的故事 / 34

有商有量的语气至关重要：有效用人的一大秘诀 / 39

所谓人世间：世上都是好心人 / 42

第二章　说服的策略 / 47

不费口舌之力而说服对方：将军德川家光和阿部丰后守的美谈 / 49

事物的强大说服力：回想年少时的两件事 / 54

信心坚定，则无往不利：分文未付而得到一万节电池 / 59

就算只拜访一次，也要全力以赴：当上区议员的候选人 / 66

我被人说服了：开始和住友银行进行业务往来 / 71

对"信誉"孜孜以求：开始交易前的两万日元 / 77

比千言万语还管用：一休和尚与地狱极乐 / 83

获得全场一致赞成：以真心实意待人接物 / 87

第三章　人的经营 / 93

人心变幻莫测：激烈争论后出现的惊天大逆转 / 95

随机应变，应对自如：上杉谦信和毗沙门天的故事 / 100

万众一心：热烈庆祝年初首次发货仪式 / **106**

用心经营是关键：这一点只有"人"才能做到 / **110**

让人心甘情愿：明治时期税务署的做法 / **114**

懂得"人"的尊贵：经营靠的是人 / **119**

谁决定的：松下政经塾和不确定性 / **122**

采纳下属的提案：姑且让他练一练手 / **126**

百分之六十的可能性就够了：适任者的挑选方法 / **131**

第四章　自省之道 / 135

统帅该如何自处：不该跟人对着打擂台 / **137**

时时警戒自我：奉行不悖的七种精神 / **141**

指导者的姿态：培育人才时最重要的事情 / **145**

说服自己：坚信自己"运势强" / **149**

谋求内心的转变：积极的想法可以打败高烧 / **154**

将自家店铺的精神作为卖点：与廉价售卖同类商品的其他商家竞争 / **158**

遵从自己的命运：无须忧心介怀，泰然应对即可 / **163**

反复诉说：不断强化大家的思想觉悟 / 167

真有烦恼也不烦恼：有烦恼是人之常情 / 172

希望大家都能成为名医：早期治疗的重要性 / 177

第五章　坚守信念 / 183

得有自己的想法：一无所获的会议 / 185

对的事能行得通吗：固守君子之约的"后果" / 191

日积月累的诚意有起死回生之效：眼看交易就要黄了 / 196

轻易放弃的话，就真的回天乏术了：15万日元的无条件贷款 / 201

成功的秘诀：处处受挫的同行 / 207

转变想法：思索自己工作的意义何在 / 212

自信由何而来：最根本的是要认清何为正确的事 / 216

序章

为了更好地育人用人

"人"才是最宝贵的

对企业经营来讲，尽管根本没有过所谓容易的时候，但如今却变得越发困难了，甚至有一些经营者举步维艰。

究其原因，就像大家纷纷议论的那样，既有能源的问题，也有国际贸易的原因。此外，也可归咎于其他问题，比如所谓的经济社会的高速发展遇到了瓶颈期，以及人口渐趋老龄化等。诸多的问题交织在一起，形势极为复杂。

面对时代的挑战，企业经营者自不待言，连很多企业员工也极为担心企业的经营前途，日夜苦思冥想，为如何克服当前的困境而绞尽脑汁。我说的这些都是事实，丝毫未夸大其词。企业经营真的是在一步步陷入前所未有的困难境地。

不过，整天光想着日子没法儿过了，是不可能觅得生机的。一般而言，就算有再大的困难挡在面前，也一定会有某条道路可以让我们突破困境，继续前行。而问题就在于如何才能找出这条道路。

在企业经营中，要说起如何寻找这条道路才能打开困局、追求新的发展，其实有很多至关重要的因素。例如，制造层面、技术层面、销售层面和资金层面等，每个要素都是必不可少的。但是，如果问起什么是它们的中心灵魂之所在，那么答案只有一个——"人"。说一千、道一万，"人"才是关键。

有没有资源，这自然是不容忽视的问题。但是，能不能把好钢用在刀刃上，最大限度地发挥资源优势，全都得指望"人"来完成。因为许多事情依靠的是人的主观能动性，所以出现什么结果都不足为奇。有再多取之不尽、用之不竭的资源，落到一群不懂得盘活资源的庸才手里，就跟没有资源是一个样儿。或者说，有些时候，说不定还会造成恶果。这是不言自明的道理。技术亦然，金钱亦然。可以说，任何事物都是以"人"为中心的。

"企业即人"，这是老生常谈了。对企业而言，人才的培养任重道远。培养员工，让员工充分发挥才能是企业经营的第一要诀。

话说回来，我们当然明白得培养员工、养育人才，但知易行难，这可不是轻描淡写、信手拈来的事。"罗马不是一天建成的"。几乎所有的企业都希望自家员工个个都是精兵强将，也为此倾注了大量的心血。但实际上，为数众多的企业都在这一点上遭遇了滑铁卢，没能取得良好的效果。

我在六十多年的经营过程中，在人才培养方面也付出了自己的努力。就如何才能让员工成长为企业所渴求的人才，我谈谈自己的看法。

明确企业经营的使命

培养人才的前提是对"人"本身有着正确的看法。从根本上讲，经营者是如何看待"人"这种生物的，这一点至关重要。

在我看来，每个人正如浑金璞玉一般，都具有优秀的素质，只有经历了不同方法的研磨和切割技巧的打磨，才能熠熠生辉。果真是"玉不琢，不成器"。因此，企业经营者在培养人才、有效用人之际，首先需要充分认识我上面提到的"人"的本质，然后再苦心孤诣地创造条件，激发出每个人先天具有的优秀品质。如果不具有这样的认识，再多的珠玉在前，也很难发现人才、活用人才。

有人会问，我很想让每个人在工作场所得到历练，以便让他们所拥有的优秀素质最大限度地得到有效活用；想做到这些，最重要的是什么呢？我的回答是，要想有效用人，最重要的便是让员工掌握并提高工作中必备的知识和技能。如果在这一点上敷衍了事，就很难圆满地开展工作。有鉴于此，在日常工作中，企业经营者必须想方设法提高员工的知识和技能。不过在我看来，在这之前还有更为重要的事情，那就是，作为企业的掌舵人必须弄清楚两件事：为什么要进行企业经营？企业经营的使命究竟为何？

在福田赳夫任首相的时候，我应邀参加在首相官邸举行的座谈会。会议的主旨是让大家各抒己见，为国家培养人才出谋划策。会上大家请我讲几句，我是这么说的："人才培养是利国利民的大事，认真思考如何有效地培养人才，当然是值得称许的事情。但是，虽说得重视人才培养，我的看法是，如果不事先定下目标，明确培养的是什么样的人才，就不可能成功实现人才培养。换言之，我们需要明确我们国家的发展目标是什么，为了达成这一目标，需要什么样的人才。只有明确了这一点，所采取的人才培养方式才是无可厚非的。遗憾的是，我并不认为当今日本有着这样清晰的目标。所以，虽然大家迫切想要进行人才培养，其实并没有良好的培养方法。"

我明确地指出了这些不宜宣之于口的问题，也算是直言不讳了。我一直认为，不仅是国家运营需要有明确的目标，企业经营也是如此。

　　换言之，企业经营的重中之重，就是首先得明确何谓企业经营的使命，即企业经营出于什么目的。只搞清楚这个还不够，还得让企业的所有员工都牢记这一精髓。如果每个人都能把握好这一点，自然就会明白什么样的经营方法才是达成使命的最佳路径。能做到这一点，剩下的事情就是顺理成章的了。大家为了达成使命，每天都会殚精竭虑，想着"这么做会更好吧""不妨试一下那种做法吧"。如果每时每刻都这么干劲十足，开辟出一条康庄大道自然是水到渠成的事情。

　　话说回来，想通过人才培养让每个人都能大展宏图，企业经营者自己首先必须清楚认知我反复强调的"人"的这种本质特征，即每个人都具有优秀潜质。与此同时，作为掌舵人必须不折不扣地实践经营者所肩负的使命观。更为重要的是，必须把企业经营的这一使命，向同舟共济的所有员工强力灌输、反复强化。这便是合理育人、高效用人的基本之道。

发挥每个人的特长

不管是公司经营还是商贸往来，为了强力推进业务发展，我们必须得到众人的支持与协助。因此，为了达成目标，我们就得向别人解释自己的想法，从而获得理解，这是极其必要的。换句话说，我们需要说服别人。能否有效地说服别人，这极大地左右着事情的成败及经营的好坏。

另外，从"人尽其才"这一点来看，信任也是极为重要的因素。只有获得上司和身边同事的充分信任，才能更好地发挥实力，游刃有余地开展工作。我们需要深刻意识到这一点，自觉养成信任别人的态度，这是关键。

再者，为了做到"人尽其才"，还必须从各个角度考虑有关信念的重要性及人的本性问题。

不管怎样，我们每个人都具有优秀品质，经过打磨就会发光。这一点尤其需要让那些经营者正确认识。在此之上，还得考虑怎么做才能发挥每个人的特长，并将之付诸实践。事实上，我们每个人的喜乐人生及幸福生活，不正是从这里生发出来的吗？

第一章

信赖关系的经营

信任的价值：把秘诀教给员工

在职场上，要想真正做到高效用人、充分发挥员工的长处、顺利开展工作，毫无保留地信任员工至为关键。人如果能被周围的人所信赖，就能够得心应手地进行工作。如果身处一个不被信任的环境，周围的人一直用怀疑的眼光来监视每件事的进程，这个人就算有十八般武艺，也只能是英雄无用武之地。

就人的本性而言，每个人在工作中，只有在取得信赖并担负起责任的时候，才能以饱满的精神状态游刃有余地展现自己的才能，也能轻松自在地取得卓越成就。遗憾的是，我们人类的一个劣根性，就在于总觉得"非我族类，其心必异"，很难轻易将信任交付他人。这里就存在着极大的问题。

在松下电器最早生产的电器制品里，有一种灯泡插座备受好评，一直是畅销商品。因此，这个产品一投产，我们便都连轴转，忙得不可开交，于是又雇了四五个人帮忙。在这之前，都是我们家三个人自己干的，实在是忙不过来了才雇用外人。

这就导致了问题的产生。被用作原材料的壳体的制作秘诀该如何处理？说到"秘诀"，似乎有点儿夸大其词，但那个时候，每个工厂对壳体的制法都是秘而不宣的，就跟现在的企业会对技术严格保密一样。这些都算作企业机密。在过去，除了工厂的所有者之外，只有工厂所有者的兄弟和亲戚等极少数的"自己人"才有权知道制法，并负责制造。

但是在我看来，这种做法并不可取，效率太过低下。如果真想守住制造方法的话，单是让"自己人"负责制作也远远不够，还得做到不能让别人进出工作间。也就是说，必须在严禁出入的状态下进行生产。这么做的话，实在没什么效率可言。而且这并不是唯一的问题。其他人虽说是外人，也是在同一个工厂一起工作的伙伴。对同侪采用这种防备的姿态，于情于理似乎都说不过去。

我经过深思熟虑后得出了一个结论，毅然决定放弃只让

"自己人"知晓制作秘诀的做法，也酌情考虑把制作秘诀教给自己雇用的员工，就算是当天新入职的员工也一视同仁。不仅如此，我还让这些人负责壳体的生产制作工艺。这么做了之后，我欣慰地看到，工厂的气氛发生了难以言状的奇妙变化，变得明快舒心。而且，负责生产的员工也比以前更有活力了，每天都干劲十足。这种结果自然是大家喜闻乐见的。

然而，大家的看法却不一而足。所谓的一般性社会常识仍然根深蒂固，颠扑不破。有位同行就对我这种不藏私的做法提出了忠告。

他说："你的做法太不谨慎了。连第一天上班的人都能学到制法，这实际上就等同于公开了技术的秘密。你这样做，说不定同行就会越来越多。咱们同行的整体利益都会受到损失，你们松下工厂难道能得到什么好处吗？"

这位同行的担心自然是无可厚非的。我也不能拍着胸口说自己完全没有类似的担心。不过，需要强调的是，我并不是毫无顾忌地向大众公开技术，我只是把技术教给了松下电器的员工。换言之，我只是把技术教给了唇齿相依的有共同利害关系的伙伴，而绝不是教给素昧平生的外人。我理清了自己的想法之后，对同行说了下面的话：

"多谢你的提醒，不过我觉得无须杞人忧天。我说话的底气就在于员工也知道这种制法是企业的技术秘密。他们自然明白，如果泄密给别人，就会给工厂造成损失。'一荣俱荣，一损俱损'。所以我相信，即使员工学到了保密技术，也不会泄密的。"

"我认为与技术秘密相比，更为重要的是彼此间的信任。我出于对员工的信任，把制法教给了他们。所以，我觉得员工也一定不会辜负我的信任，他们会严格保守秘密，并加倍努力工作来报答这种信任。而事实也正如我所料，大家真的是在不遗余力地辛勤奉献。"

我不知道这位同行听我这么说，能不能充分认可我的做法。看他的表情，我觉得他可能只会认可一半，剩下的一半则是不敢苟同了。

我认为，问题并不在于对制法秘密本身该采用怎样的处理方法，关键在于"要充分信任员工"。百种米养百样人，我们自然不能排除个别例外。不过，绝大多数人都抱有"君以国士待

我，我以国士报之"的态度，一旦被人交付信任，就不会辜负
这份盛情。所以，只凭着"全无保留地信赖员工"这一点，就
会在不经意间促使员工发挥出其最高的工作水平，起码也能让
他们端正态度。

信誉之道，买卖之道：初次上东京售卖货品

我自己做生意之后的两三年，开始考虑扩大销路。当时我们主要生产双灯泡用的插座，我打算在东京售卖这一产品。因此，我决定亲自去东京一趟，拜访东京的批发商，以求打进东京市场。此前，我还从未去过东京。出发那天，当时的全体员工（其实也就二十多人）一直把我送到工厂的大门口。在大家的殷殷期望中，我斗志昂扬地踏上了去东京的旅途。我是坐夜行火车去东京的。

火车在翌日清晨抵达东京。我第一次来到这个繁华都城，根本搞不清东西南北，能仰仗的只有薄薄的一张地图。于是我便根据地图，一家家地寻找批发商。我事先调查过东京都有哪些批发商，现在是按批发商的名字找出其所在地并进行拜访。就这样从早到晚，一整天都马不停蹄地拜访客户，忙完后再坐上夜行火车回大阪。去程是夜间车，归程还是夜间车。

整整三年，我都是这样跑业务的。这几年中，我没有在东京住过一宿，可以说是没时间，不过主要还是觉得住宿太浪费

时间了。要是住一晚再乘早上的火车回来的话，整个白天的宝贵时间就在无所事事中白白浪费掉了。这怎么能行呢？所以，我衡量后选择的往返行程都是夜班火车。

现在想想，也挺佩服自己的。拖着不太好的身体，我居然也一直坚持了下来。当然也是因为那时还年轻，而且被无尽的希望燃烧着热情，所以即使像这样蛮干，身体也没有吃不消。

就这样，三年间我一直奔走于两地，持续开拓销路。天道酬勤，不断的努力终于有了回报，我们的产品一点点打开了东京市场，售卖商品的种类也丰富了不少，工厂也终于弄得像模像样了。

这些都是顺口一提，其实我想告诉大家的是东京的销售市场是什么样的。在我拜访的第一家批发商那里，我给他呈上了我们的产品。

"您觉得这东西怎么样？我想在您这里卖。"

那位批发商把产品拿在手上，认真端详，仔细审视。然后他看着我，问了一句："这个你打算卖多少钱？"

"它的成本价是两元钱。所以，您看能不能给我两元五角？"

"两元五角？这倒不算贵。不过虽说不算贵，这也是你第一次在东京做买卖吧？这样的话，还是得先便宜些，就两元三角吧。"

这是我第一次到东京卖东西，而且我想不计任何代价地开拓东京市场，所以，刚开始的时候我想过就这样答应批发商的报价。但内心仿佛有什么在阻止我做出妥协，让我说出了这样的话：

"它的成本价是两元钱，所以也不是不能以两元三角的价格卖给您。但是，老板您也清楚，这东西是我跟全体员工从早忙到晚，热火朝天地投入工作才生产出来的。成本价本身定得真不高，如果拿来跟同类商品比较的话，可以说这是很低的价格了。所以，我给您说的两元五角的价格绝不是漫天要价。"

"当然，如果老板您觉得这种商品太贵了卖不动，真要是那样的话，我也无话可说。但如果您不是那样想的，而是觉得这种商品还是有市场的，那请您务必接受这个报价吧。"

"就像你说的一样，这个价格的确不贵，我也觉得会非常畅销。好，那就这样吧，我买了。"

照这样一路走下来，有些商家会欣然同意，也有些商家截然相反，拒绝进货。但从总体上来讲还是成效斐然的。

这种事情每个月都会重复上演一次。时间长了，我在东京的批发商之间也成了话题人物。

"说起大阪的松下先生，他家的产品质量真是无话可说，而且价格也很合理。但他最广为人知的地方，就是他的报价基本上没有还价的余地。"

"是呀，你说得太对了。松下先生真是一点儿也不会让价，基本上永远都是那个价。这样咱们买家也能买得放心。"

类似这样的对话，常常出现在批发商集会的时候。我的看法是，如果起初把价格定得虚高，等对方还价的时候再随便降点儿作为优惠价，那么买主就弄不清楚花多少钱才是最合适的价格，会心里犯嘀咕：自己是不是当了冤大头，是不是还有更便宜的地方。左思右想，买个东西也不能放心。

但如果最开始就定下合适、妥当的价格，对方还价也固守底线的话，反过来，买家无论何时都能放心购买（当然，如果他觉得贵，自然不会买）。所以，在定价的时候一定要慎重行事，不能定得虚高。必须综合考虑各种因素，分析得出最妥当的价格，将它作为定价进行销售。这样商品才能卖得动。

而站在批发商的立场，这种与以往截然不同的做法也会让人觉得放心。因此，大多数批发商都持欢迎的态度，并且在这种往来中对我们的产品产生了信任感，而松下电器也收获了良好的信誉。以小见大，这种地方也暗含着商贾之道。

满腔热忱打动人心：学徒时代售卖自行车的经历

究竟什么东西能打动人心、直扣心扉呢？当然，这会根据时间和场合的不同而不同。有的场合，条理清晰的滔滔雄辩能奏奇效；而其他时候，声泪俱下、极富感染力的绝妙演说也会让人心潮澎湃。真是不一而足。但无论在何种场合，有些东西是共通的。我认为，其中一个至关重要的因素，就是是否具备热诚。如果内心充满热诚，自然会由内向外地显现出来，正所谓"诚于中，必能形之于外"。而这种显而易见的热诚就会打动人心、直扣心扉。

我在当小学徒的时候，有过这样的经历。那是我在名为"五代商会"的自行车商店工作时候的事情了。时年虚岁 15 的我还是个不折不扣的孩子，店里也觉得我还是个孩子，所以并不把重要的活计交给我负责。

像售卖自行车这种活计就轮不到我插手。可我虽是懵懂孩童，但对售卖自行车这个活儿却是饶有兴趣。毕竟这是自行车商店，头等大事当属售卖自行车了。我天天想的都是自己怎样才能卖出一辆自行车。这种心态也很好理解，小孩子都这样，心里满怀憧憬，希望能早日独当一面，希望能早日像大人一样做事。

可惜，我的期冀却是极难实现的。那时候我才刚十三周岁，也就是小学刚毕业或快毕业的年纪。再说，当时的自行车算得上是稀罕物，它的价格（或者说贵重性）比现在的汽车也不遑多让，甚至还要更贵一些。如此珍贵的商品的售卖，是不会交给一个小学徒负责的。这其实也是理所当然的事。

但也正因如此，我内心深处总有一种强烈的渴求，真的很想经自己的手卖出自行车，哪怕只有一辆也好，迫切地想尝试一下向客人推销自行车。

终于有一天，我迎来了一次难得的机会。有位客人说："我想看看你们店的自行车。"不凑巧的是，正赶上掌柜不在店里，平常都是他负责把自行车送去给客人看的。但这会儿对方要得很急，这可如何是好？老板看看我，说："那你把自行车给他送过去吧。"

终于轮到我大显身手了！我激动万分地把自行车送去给客户，一路上热血沸腾："加油，一定要把这辆自行车卖出去。一定要说服对方买下来。"到了客户那里，我更是使出了浑身解数来介绍这辆自行车的性能和优点。我跟倒豆子似的，把自己所知道的东西一股脑地全部说了出来："正如我向您介绍的那样，这是难得的上等货，请您务必惠顾。"

客户笑嘻嘻地看着我在那儿唱完了独角戏，然后伸出手摸了摸我的头，笑着说："好孩子，像你这么热诚可爱的孩子还真是少见，那我就买了吧。不过我都要买了，你就给我让一分利吧。"

长久以来的梦想终于实现了。我成功推销出了商品，更别说这还是我初试锋芒就旗开得胜。客户的确说了："我买了。"这可真是喜从天降。只有亲身经历过的人才能明白我有多开心，真是欣喜若狂，快要得意忘形了。

"太感谢您了，我这就回去告诉老板。"

我飞奔着回到店里，向老板报告好消息。

"那辆自行车卖出去了，我给人家让了一分利。"

我满心期待着老板会笑嘻嘻地把我好好儿夸一顿。不承想却事与愿违，别说给我个笑脸了，老板板着脸说："说的让一分利究竟是怎么一回事？刚开始就直接让一分利，这买卖根本没法儿做了。你再往他家跑一趟，说只能让五厘利。"

听了老板的话，我就像是被一盆冷水从头浇到脚，真正明白了何谓"透心凉"。"卖出去了，卖出去了！"自己还在沾沾自喜、兴高采烈着呢，老板就毫不留情地给了我当头一棒。我一下子就被抽去了满身的精气神，伤心得难以自已。以前店里卖自行车，最后都是以让一分利的价格成交的，真的是好多次都是以这个价格卖出去的。可老板却毫不顾及这些，说"只能让五厘利"。从商人逐利的立场来看，老板的做法实在是无可厚非。自己能做的也只有再跑一趟，告诉对方刚才的价格做不得准。

我知道自己必须照老板说的做，也完全明白老板说得在理，但实在是提不起劲儿再跑一趟去给对方说这些了。自己拼命向对方游说，请人照顾生意，终于打动了对方，人家松口说要买了，现在我又要对人家说："我真不能给您便宜一分利，只能以让五厘利的价格卖给您。"这种话我真是无法说出口。所以我不断地向老板哀求："您不要只让五厘利呀，您就给人家便宜一分利吧。"

我说着说着，眼泪就掉了下来。一种无法言喻的情绪席卷了全身。我抽抽噎噎地哭了起来，既为自己的没出息而感到羞耻，又觉得伤心难过受委屈，眼泪像断了线的珠子一样簌簌掉落。看到我这个样子，老板也是束手无策。再怎么说我还是个孩子，小孩子不管不顾地哭起来，着实让人焦头烂额。

"你还真好意思让我给他算便宜点儿！你是不是没搞清楚自己是哪家的伙计？"老板这样呵斥我，我只是哭个不停。

正在这时，对方等得不耐烦了，派了掌柜过来。

"敝上说是让一分利的话就买了。贵处如何说？能否让价？"

老板无奈地回答："说起这个，这孩子一回来就说让我让一分利，见我没点头，就哭成这样了。我正在说他呢，是不是没搞清楚自己是哪家的伙计。"

掌柜听了这番话，回去原封不动地报告给了店老板。店老板很爽快地说："只让五厘利也行，我买了。"之后，那位店老板见了我还对我说："只要你还在五代商会当伙计，我就一直从你们店买自行车。"店老板人真好，本来说好的要便宜一成，最后变成了只能让五厘利，他也欣然同意。非但如此，还跟我约定好，说以后也会继续惠顾。真要说起来的话，这算是我第一次独自做买卖，而且获得了成功的经验。这样的结果，说是"大获成功"也不为过。

能够有这样的结果，当然可以说是运气好。但如果只从销售的角度来分析，我认为还是热情的介绍和诚挚的态度打动了对方。绝对是这么一回事。热情的话语和诚挚的态度可以打动人心，直扣心扉。

引申来说，我认为这才是所谓商贾之道的应有之义。商贾之道，并不单单意味着买东西和卖东西的行为交换。买卖双方都是真心实意，对自己的工作倾注了百般热情，这种热忱使得彼此的心灵相互贴近，逐渐消除了隔阂。而真正的商贾之道也正是从这里出发的。

委以重任：年轻人设置的办事处

"自觉承担责任"这种事，不可能一蹴而就。但是，如果不具备这种素养，就会给工作造成障碍。如果大家都吊儿郎当，毫无责任感，那么无论做什么事情都会半途而废，事情也不会一帆风顺地进行。因此，我下面要说的，就是怎么做才能让他人正确地意识到责任感，从而完美地完成工作。

20 世纪 20 年代，松下电器首次在金泽设立办事处。此前我从未去过金泽，但经过深思熟虑后，认为确实有必要在金泽设立办事处。那么让谁去开疆扩土呢？很多人都有这个资质，他们如果去那里担任办事处的负责人，都能够漂亮地完成工作。问题的关键是，这些行家里手必须留在总公司。要是这些人被派往外地的话，总公司的业务就会受到极大的影响。有鉴于此，实在不能派他们去金泽。这可如何是好？我也犯难了。

突然间，我灵机一动，一个年轻店员（社员）的身影浮现在我的脑海里，那是一个刚满 20 岁的男店员。对呀，我刚才怎么就没想到呢？没错，他是很年轻，但如果计较这一点，认为"嘴上无毛，办事不牢"，那也的确是有问题的。但事实上，正是因为年轻，才能无往不利，没有干不成的事。我坚信这一点。

因此，我决定将这个年轻店员任命为筹办金泽办事处的负责人，把他派到金泽去。我叫他过来，对他说："现在公司决定在金泽成立办事处。这件事我想让你全权负责，你马上去金泽，找个合适的地方，租个门面开店吧。我这里给你预备好了300元的启动资金。希望你善用这笔钱，尽快开展工作吧。"

听我这么说，那个年轻人真的是目瞪口呆。他用惊诧的目光盯着我，说："您真的要把这么重要的工作委派给我吗？我进公司才刚两年的时间，还是新手。而且我才20岁出头，没有任何经验……"说话时，他的神情带着忧虑不安。这也不能怪他。一个入社才第二个年头的年轻店员突然间被委派任务，要他马上去金泽筹办办事处，仓促间他不知所措，这也是人之常情。

再怎么说，自己也是被派去了一个一点儿都没有根基的地方，白手起家，新成立公司的办事处。这件事说受累也的确是受累，说责任重大，也的确是任重道远。他这是被委以重任了。

不过，我坚信，虽然这位店员还很年轻，但他一定能成就一番事业。自然，口说无凭，这种事情只有真正做了才能验证我说得对不对。我对他还是非常有信心的，这种信赖感与其说是给这位年轻店员的，倒不如说是对"人"有信心。因此，我语重心长地对他说："没有你做不到的事，这件事一定能干成。你自己想想，战国时代叱咤风云的武将，加藤清正也好，福岛正则也罢，他们都是10多岁就权柄在握了。年纪轻轻的，拥有自己的城郭，不管是统御家臣还是管束百姓，样样都做得出类拔萃。近的，咱们就说说明治维新的志士们，不都是年轻人吗？他们在国难当头之际，处变不惊，运筹帷幄，让日本浴血重生，建成新的国家。你也已经过了20岁了，别怕，没有你做不到的事情，一定能行。"

我举了很多例子来激励他，终于让这个年轻人释然了，他果断地回答："好的，让我去吧。承蒙您把这么重要的工作委托给我这个初出茅庐的新人，我是引以为荣的，我一定尽最大努力做好工作。"跟刚才比，他现在是焕然一新了，对知遇之恩充满了无尽的感激之情，脸上也浮现出了义无反顾、勇往直前的神情。看到他的这种变化，我也十分欣慰。"你就好好干吧。"我殷殷叮咛后，就把他送走了。

这个店员到达金泽后，就马不停蹄地投身于筹建工作，并向我详细汇报进程，基本上每天都会给我写信，像是正在寻找可以开店的门面、已经找到合适的房子了，等等。他事无巨细地向我汇报工作的进展。直到万事俱备的时候，我又从大阪派了两三名店员过去，办事处便正式开始运营了。

总归一句话，只要去做，就一定能做成。也许这个人很年轻，也许他没有经验，但只要被委以重任，强烈的责任感就会油然而生。这就是"人"的优点之所在。有了责任感，就会付出不懈的努力，就会奋斗不息。有这种干劲，事情自然会进展顺利，也会取得辉煌业绩。说起来，这才是"人"最常见的模样。

松下电器在各地都设有办事处，基本上都是以这种形式开设起来的。说起金泽的例子，那个店员是很年轻，其实我从心里也觉得他过于年轻了，但当时的情形就是这样，也只能派他去。而且最重要的是，我坚信"功夫不负有心人"，一个人只要决心放手去干，就一定能无往不利。关于这件事，我也反复琢磨过。开设办事处这项工作，说吃力吧，也的确是吃力的，但换个角度来看，这也是让人兴趣盎然的工作。非但如此，工作被全权委派给了自己，自己就能放手去做，将自己的想法变成现实，所以，没有比这个更有趣的工作了。

不管怎么说，像上面提到的那样，信赖自己的下属（这里是店员），把工作委派给他，能激发出被委派的人的责任感，让他充分发挥出自己的才能和特长，从而展现出最佳的工作状态。这些都是环环相扣、彼此联系的。

待人处世不为利害关系所动：久保田权四郎的故事

我们人类，几乎总是以自己的利害得失为中心考虑事情、做出行动，以至于陷入这样的泥淖里不能自拔。从某个方面讲，人们这么做也是无可厚非的，可以说是再平常不过了。因此，大家也只会觉得这是没有办法的事。

但是，也正因为如此，一旦有人能做到待人处世不为自己的利害关系所动，而是采取豁达超脱的态度，那我们就会被其打动，心神为之摇曳。我认为，这也正是作为"人"所应有的姿态。关于这一点，我想讲讲下面的经历。

1952 年，松下电器开始售卖中川电机制造的冰箱。关于这件事，当时有着这样的经过。

来找我商量的是久保田权四郎，他是久保田钢铁的创立者。有一天，他突然来到我们公司。

"松下先生，我今天来，是想拜托你帮忙的。"

他说完这句话，就向我介绍跟他一起来的人。

"这是中川，我夫人娘家那边的外甥。中川在战后一直为美国占领军生产冰箱。不过现在美国占领军那边基本上也没有什么订单了。他来找我商量，说：'我还想继续做冰箱生产和销售方面的业务，您帮我拿拿主意吧。'我想了想，就给他提出忠告：'想面向民用市场进行销售，这可不像说起来那么简单。即便如此，你若是不改初心，打算继续制造冰箱的话，不妨去找松下先生帮忙。不这么做的话，我认为你打不开民用市场。'他就说：'我也觉得这是上上策，那就拜托您给我穿针引线吧。'所以我就把他带来了。松下先生，您看能否接受这样的请托呢？"

面对这一情况，我首先需要考虑的就是要不要拓展冰箱业务，这是最基本的问题。实际上，当时松下电器已经在自行研发冰箱生产技术了，可以说拓展冰箱业务基本上算是板上钉钉的事。可对方今天专程跑来说了这番话，这该怎么办呢？是接受还是拒绝？这是个二选一的难题。究竟该选哪个呢？

在做出判断前，我得再听听对方怎么说。对方也一定有自己的考量，应该也会提出相应的条件，我得好好留意这些地方，之后再考虑下一步该怎么办。我有这些顾虑，也是人之常情。因此，我对他说：

"其实我们这边正打算开拓冰箱市场，现在也已经着手进行开发了。所以，我想先听听您那边的想法，也许可以接受您的请托而开展冰箱的销售业务。"

于是，久保田先生说了如下一番话：

"我对中川说了：'你要是真的下了这样的决心，那我就去找松下先生谈谈看。反过来说，你能不能做到对松下先生言听计从呢？另外，说不定也会谈到共同经营工厂的事情。假如真的出现这种情况，你是不是能够下定决心把工厂交出去呢？还有，在谈到提供工厂的时候，你会不会计较土地的价格是多少，或是挂念迄今为止的收支情况如何？如果你打算计较这些，那我是不会去向松下先生开口的。只有你真正下定了决心，愿意无条件委托，我才会去找松下先生。'听我这么说，中川也很爽快。他说：'我知道。我已经下定决心了。我既然拜托了对方，就把自己的全部都交付给对方，一切听从安排。'所以，今天我才会把他本人带来，向你请托。松下先生，如果你觉得有合作的机会，请帮帮他们工厂吧。"

听到这里，我不禁心潮澎湃，觉得这两位可真是了不起。按照常理推断，大家都会这么想：去松下那里交涉一下看看，如果松下同意了，当然要使出浑身解数尽力交涉，争取对自己最有利的局面。说起来，这也是理所当然的事。但这两位并没有那么做，而是想着"全都交给他吧"。这种不计较自己的利害得失的超然态度，让我深受感动。我被这种态度打动了，随之做出了承诺："那好，我就叫停我们公司的开发计划，全力盘活你们工厂吧。"其实我这样处理，稍微有点儿非同寻常。因为说起来，整件事是突如其来的请托，我根本就没有查看各种能够佐证谈话内容的资料。我们只是进行了一番交谈，仅凭着这点，我就当场拍板了。这么大的决定，却只花了不到一个小时的时间，可谓是惊人的速度。可能有人会问我，为什么这么匆忙地做决定？既没有实地考察过工厂，也没有浏览其他可资判断的书面材料，就不管三七二十一，立刻拍板了。说到底，我这么做完全是感动于这二位的坦诚以待。我认为就算工厂能够日进斗金，但如果经营者计较利害得失，在为人处世上蝇营狗苟，就很难顺利地经营下去。

考虑到这点，当我看到他们两位抱着这样的想法和决心来找我帮忙，我就知道自己可以完全放心了。我想：既然对方都下了这样的决心，就算事业本身困难重重，我也没有什么好担心的了，只需接受请托就好。就这样，我爽快地接受了对方的请托。那家工厂发展到今天，已经更名为"松下冷机"，取得了骄人的业绩。

有商有量的语气至关重要：有效用人的一大秘诀

　　我觉得不管是企业还是团体，只要是站在用人立场的领导者，总是殚精竭虑，无时无刻不在想着怎么才能让下属愉快地投入工作。关于这一点，我自己觉得最为重要的就是站在用人立场的人和站在对立立场的人需要建立起精神与精神、心与心的交流融合。这种关系可以称为人与人之间的感情纽带，也可以称为人与人之间的感情融和。总之，构建起这种关系是极为重要的。

　　举个例子，你打算把一项工作交给别人来做。这时，你千万别想着自己只要把命令下达给别人就万事大吉了。下指示、发命令，这当然是非常必要的，但同时，也得费心思量属下会如何咀嚼消化这一指示或命令，又会怎样接受这一指示或命令。也就是说，这个人是抱着怎样的感情来面对上级所下达的指示的。我们有必要认真思索这些，并采取恰当的应对方式。

　　世上不乏那些所谓的独裁者，他们做事的方式是命令式的、单向高压的。当然，我不否认所谓的独裁者都是有着丰富阅历的人，有很多极其出色的人。所以，在很多场合，只要遵循他们的命令办事就不会出纰漏。

但是，按照这样的方法开展工作，也会积累一些不满之情。下属迫于权威的压制而服从，却不能从内心深处产生共鸣，就变成了被动服从，"那我就跟着他干吧。"在我看来，这种做法并不能真正发掘智慧，也无法激发员工的巨大潜力。

有鉴于此，领导在向别人下达指示、发布命令之际，必须认真聆听别人的想法。例如，"我是这么想的，你怎么看？"这样做，不仅可以适当采纳对方的意见，也能搞清楚对方是否真的领会了指示或命令的意图。此外，询问方式也得讲究技巧，必须做到方便对方回答。这种看似细枝末节的地方，其实恰恰是要害之处，它在发挥人的优点、高效用人方面至关重要。

从我创办松下电器以来，我就始终处于管理者的立场。不过，在这之前，我也在自行车商店当过学徒，在电灯公司上过班。那时的我，是处在员工立场的。因此，在某种程度上，我能够察知员工的心思。正因为自己曾有过这样的亲身经历，后来即使自己变成了发号施令的一方，我也会处处用心，在下达命令或给予指示的时候尽量用有商有量的口吻。

"我是这么想的，你怎么看？"就像这样的口吻。

这么一来，对方也愿意谈谈自己的看法。如果他的看法有可取之处，我就会赞同并采纳："诚然如此，你说得很对。""如果是这样的话，这么做也的确没错。""关于这一点，我们这么办吧。"像这样，虚心采纳对方的看法和提议，推进工作的开展。这么一来，因为自己的提案被采纳并用在了工作上，员工便会以主人翁的姿态投身工作，干劲和热情随之倍增，也就自然而然地能取得更理想的成果。

在我看来，那些取得赫赫成就的人，就算在形式上采用的是下达命令的模式，但从根本上讲，他们也一定是凡事跟下属商讨、和下属紧密联系在一起来开展事业的。有趣的是，这样做的最终结果，又变成了下属按照指示者的命令工作。也就是说，如果上司和下属之间能够构建起这种关系，下属就能够一直以全心信赖着上司的姿态来工作，做到对上司交付的事情总是毫无抵触地照单全收。

我觉得，如果管理者能够抱着这种想法用人，那么被雇用的员工可谓幸运儿，同时发号施令的人也会非常轻松省事。而我从创办事业到现在，也一直是尽量以商量的口吻来推进工作的。

所谓人世间：世上都是好心人

我们在日常生活中为各种事情奔波忙碌，自然也会跟形形色色的人打交道。有心地纯真的人，也有居心险恶的人；有善意待人的人，也有冷漠待人的人，可谓鱼龙混杂，不一而足。什么时候会遇到什么样的人，全都是未知数。因为无法预料，所以我们会陷入各种惶恐不安，整日忧心忡忡。但是，如果以不安为借口而逃避人情往来，或者从心里反感跟人打交道的事，就很难把生活过得有声有色，各种事情也会陷入举步维艰的境地。

你对当今社会持什么样的看法？你是如何看待这个社会上的人以及整个社会的？我认为，对我们来说这是至关重要的问题。

说起这个，我想起了自己的一段经历。那是我刚开始做生意没多久时发生的事情。那时我刚制作出插座，可是对一个毫无经验的新手来说，我完全不清楚该给它定个什么样的价格才合适，真是毫无头绪。这可如何是好？

　　我想了想，觉得最了解这种东西的价格的人，应该是整天经手这种商品的批发商。因此，我决定去批发商那里问问。我把插座用包袱皮一裹，就硬着头皮闯进了批发商的店铺。

　　"请问有何贵干？"

　　"是这样的，我们工厂生产了这种产品，想拜托您帮忙销售。"

　　"是什么东西？我看看。这是插座呀。挺不错的……"

　　批发商把插座拿在手上，认真端详。

　　"您意下如何？"

　　"没问题，可以放在我们店里卖。不过，这个到底多少钱？"

　　终于谈到价格了。我很想说个合适的价格，但我实在说不出来。现实问题就是，我根本搞不懂究竟该卖多少钱，致使我无法估价。没办法，我只有将实情和盘托出。

　　"给您说句交心的话，我其实不清楚这个产品该卖什么样的价格。"

"你不清楚定价？你要是不清楚定价的话，这生意可就没法儿做了。"

"当然，我是知道它的成本价的。成本价是这么多……"

"明白了。如果成本价是那个价钱的话，我看就以这个价钱出售吧。"

批发商划拉着算盘，帮我考虑该如何定价。有些批发商更是直截了当地告诉我："你的成本价是那样没错。如今的市场行情是这个样子的，所以这个商品以这个价格应该能卖出去。"

我刚开始做生意的时候，这种场景反复上演。那时，我由衷地感到：做买卖这回事儿，就算是新手也没有什么好怕的；就算自己搞不懂市场行情，也能做好买卖。

当然，如今这个社会鱼龙混杂，说不定也会有那种批发商，想着：这家伙是新手，不懂行，我就占占便宜，贱买了吧。但总的来说，那些能将店铺经营得风生水起的老板，几乎都是在待人处世上有着正确见解的人。所以，他们会想：这个人的确是新手，但他家的东西质量真不错，他告诉了我成本价，眼下的市场行情是这样的，所以我以这个价格买进来，双方都合适，就这样买了。彼时，对做生意一无所知的我，就以这种方式把生意顺利地做了下去。

正是因为有着这样的经历，我才坚信"世上总是好人多"不仅仅是一句俗语，而恰恰是现实的写照。成功的人绝不是靠坑蒙拐骗就能混得风生水起的。那个时候，我无比清楚地认识到了这一点。日积月累，这个观点不断被强化，继而成了我所坚守的信念。

毋庸讳言，在彼此的人生中，我们说不定会遇到比凶禽猛兽还要可怕的人。因为社会上不乏冷漠待人的人，也不乏居心险恶的人。如果在这些人身上吃了亏，我们就会变得难以对别人付出信任。在极端的场合，甚至会认为世上没有一个好人，把每个人都当贼似的提防着。

但是，如果你是以这种心态去生活的话，那你见到的人说不定也真的会变得像猛兽一样骇人。这对你自己没有半点儿益处，对你周围的人也没有任何好处。有鉴于此，我认为，我们对这个社会还是应该抱有积极的看法，坚信"世上好人多"。这么做的话，就会推动良性循环。你把在现实中遇到的人都认为是亲切善良的好人，你自己的所思所想，还有口中所说的事，便能为更多的人所接受，大家都会认真聆听，并竭力帮你排忧解难。

这是两种截然不同的生活态度。究竟该选哪一个为好，这取决于我们个人。其实选择哪种都无所谓。虽然说是"无所谓"，但结果还是会大相径庭。因此，关于这一点，我们都有必要重新通过自问自答的方式寻求正确的道路，这是至关重要的。

第二章

说服的策略

不费口舌之力而说服对方：将军德川家光和
阿部丰后守的美谈

　　人类是感情动物，所以在情绪上头的时候很难做出正确的判断。在很多场合，受当时环境的影响，我们会在一时冲动的情感支配下做出判断、决定事情。如果事情就那样顺利了结的话，或是没有给任何人造成麻烦的话，这种做法是无可厚非的。但是，如果因为一时冲动的判断而造成了严重后果的话，就无论如何也说不过去了。尤其是负责人或管理者，还有经营者，如果这些人也陷入了被冲动的感情所支配的境地，这就有问题了。该如何是好呢？

　　关于德川幕府的第三代将军家光①，我听过这样一个故事。

---

① 德川家光，德川幕府第三代将军，生卒 1604—1651 年，在职时间 1623—1651 年。

那是某年春季，家光进行春狩时发生的事情。家光狩猎归来，要沐浴净身。当时服侍沐浴的下人不知道在哪里出了纰漏，居然将滚烫的水浇到了家光身上。家光的肌肤立刻被烫得通红糜烂，被严重烫伤。

家光自然是怒不可遏，而服侍沐浴的下人也吓得魂飞魄散，只是一个劲儿地请求恕罪。家光毫不理睬，回到住处后，立刻把老中 ① 阿部丰后守召来，吩咐道："那个服侍的下人做事太鲁莽了，大君命你立刻把他拉去处死。"为这件事处死下人是有点儿重罚了，但这是权势滔天的将军的命令，不得已也只能照办。丰后守回答说："是，谨遵上谕。"毫无二话地接受了命令。

照平常的话，他听完吩咐就该告退了。可那时候，他退到偏房，向在家光身边侍奉的家臣们拜托了一件事："什么时候等将军气消了，又变得心平气和了，你们记得告诉我。"他这样说完，就退下了。

不一会儿，夜幕降临了。家光享用着美酒佳肴，渐渐平复了心中的怒气，恢复了好心情，于是就开始谈笑风生，还颇有

---

① 老中是江户幕府的职名。

兴致地说起了白天狩猎时的逸事和感受，脸上也露出了笑容。见到此景，他身边的家臣就找人告诉丰后守，说："将军的心情变好了，现在是气氛最和睦的时候。"

听了这话，丰后守迅速登上城阁求见家光："刚才将军吩咐小臣，要惩处服侍沐浴的下人。小臣昏聩，记不清您是如何吩咐的了，实在是失礼至极，请将军再吩咐一遍吧。究竟该给予怎样的处罚为好？"

家光没有立刻回答，他盯着丰后守，沉吟不语。过了一会儿，终于开了金口：

"那个下人全不用心，才会犯大错，就把他流放到八丈岛，以示警戒。"听了家光的命令，丰后守回复道："谨遵上谕。"就告退了。

见丰后守退出宴席，那些家臣就迫不及待地对丰后守议论起来。"刚才听了将军说要判死罪的吩咐，丰后守的确是说了'谨遵上谕'才告退的。这才过了多久，他居然忘了个干净。连身为老中的丰后守都会忘记将军的吩咐，遑论他人。要是我们有时候也忘了将军的吩咐，那也是没奈何的事情呀。""正是！正是！"家臣们异口同声地说。

家臣们的议论自然也传入了家光的耳中。他笑着开口道："丰后守可是老狐狸，他怎么可能忘了呢？他记得比谁都清楚。只是，判处死刑是慎之又慎的事情。丰后守很清楚这一点，他是来向大君进谏的，希望大君能够收回成命。大君也由此打消了原意，减轻了刑罚，将死刑改成了流放。丰后守的做法才是周到得让人挑不出理来。反而是大君在一时气愤下，脱口说出了处死的话，真是感到汗颜呀。"家臣们听了这话，都惶恐折服，愧不敢言。那之后，丰后守的声誉亦是水涨船高。

这件事可以用来说明该如何用心抉择，采用慎重的态度处事。不过我认为，换个角度来看，也可以认为是丰后守对家光进行了一次说服。自然，丰后守在面对家光的时候，并没有大费口舌之力进行说服，他并未振振有词地说："将军被浇了热水，烫伤了玉体，灼热难当，痛苦难忍，真的是让将军受苦了。但小臣认为服侍沐浴的下人罪不至死，不该被处死。"如果他真的这样进谏，当时家光正在气头上，根本听不进去，劝说的效果反而会适得其反，丰后守也只会落得一个被狠狠训斥的下场。

丰后守听了家光下达处死下人的命令，毫无疑义地接受，说"谨遵上谕"。但是，他虽然接受了命令，却没有奉命行事。

人在情绪激动的时候，即使贵为将军，在很多场合也不能进行正确的判断并做出恰当的决断。但是，就算他的决断并不恰当，如果有人劝谏，指出这一决断并不恰当，请求收回成命，那也只会越发激怒他，让他的情绪更为高涨。这么做显然是无济于事的。

所以，恰如谚语所说的那样，需要"见人说法"。这里说的"人"，不仅指人的性格和人品，我认为也有必要把那个人当时的情绪和心态都算计进去。正确分析这些因素，选择恰当的时机进行妥帖的说服，这是至关重要的。

丰后守在这里并没有大费周章力图说服将军，这可谓"不射之射"，是不费口舌之力的说服。他只是重新请示了一次，即找准时机，再次确认将军的命令。就和这个例子一样，有时仅仅这样做就能收到良好的效果，相当于进行了卓有成效的说服。

一提到"说服"二字，我们大家平素里想到的都是得费尽唇舌才能奏效。其实有些场合并非如此，不需要大费口舌就能将自己的想法和心意传达给对方，从而完成"并非说服的说服"。这种事说起来容易做起来难，我希望大家能够对此再认真考虑一遍。

事物的强大说服力：回想年少时的两件事

一般而言，人们收到礼物时都会很高兴，会感到喜悦。我刚满 9 岁时，就在大阪一家火盆店当小学徒。那时我的主要工作就是看孩子，我要照顾师傅（也就是店老板）家的小娃娃。既然是看孩子，就得背着孩子在店铺边上晃悠。转来转去，就发现附近住的小孩子常常聚在一起玩游戏。我也正处在爱玩游戏的年龄，就总是跟他们一起玩。当时流行的一种游戏，是在盆子里转铁陀螺，口里还要喊着"巴伊"。我对这个游戏可以说是如痴如狂。

有一天，我背着小娃娃就加入了玩游戏的大军。可是，在玩游戏的时候必须用手把陀螺转起来，所以我只能单手托着背上的小娃娃。这个样子确实不太稳当，但我一直都是这样做的，一般一点点的摇晃也不会出什么大事。坏就坏在那天我花了太大的力气来转铁陀螺了，于是我的姿势就变成了腆着肚子的模样，而小娃娃的上身也顺势往后翻仰。结果，我的手还紧抓着小娃娃的脚没放，可他整个身体往后翻仰，头一下子磕在了地上。

小娃娃真是吓坏了。他本来安安心心地待在我的背上，突然间却被头朝下磕在了地上，害怕和疼痛交织在一起，顿时就像被火烧着了似的放声大哭。这也难怪，或许他的哭声里还包含着对我这个看孩子的人的指责吧，谁叫我没有好好儿地把他背在背上呢？

不过比起小娃娃，我更是被吓得魂不附体。这可不得了呀！我哪里还顾得上玩游戏，赶紧抱起小娃娃，一个劲儿地哄。可是，小娃娃怎么都止不住哭喊，反倒是越哭越来劲儿了。这下可真难住我了。再怎么说，弄成这样全都怪我；我们要是就这样回到店里，应该会有法子让小娃娃不再哭，可老板要是看到小娃娃哭成这样，再听我一说事情的原委，一定会狠狠责骂我的。这么一想，我就迈不开步子了。

这下我真是无计可施，陷入了进退维谷的境地。我什么都顾不上了，飞奔着跑进了旁边的点心铺子，给小娃娃买了一个豆包来哄他。你猜怎么着？这个豆包发挥了巨大的作用。刚才我怎么哄，小娃娃都是号啕大哭，可是一看到豆包，他马上就停止了哭闹，开始吃豆包了。我终于松了一口气：哎，这下可算太平了。

话说回来，其实在这件事发生的前不久，我自己也亲身体验过类似的事情。我最早来这家火盆店当小学徒的时候，心里充满了强烈的不安和孤寂。从小到大，我一直跟母亲和姐姐生活在和歌山。尽管家里清贫了些，但每天都过着安宁无忧的日子。突然有一天，我来到大阪，孤身一人住进陌生人的家里，过上了举目无亲的生活。况且我并不是来这里做客的，而是来当小学徒的。我在这里帮忙干活，活计本身倒是不太辛苦，可我总有着无法言喻的孤寂感。

到了晚上，忙完活计，我便一个人把自己蒙在被子里，一遍遍地回忆母亲的音容笑貌。我还在家里的时候，连睡觉都没有离开过母亲的怀抱，而现在只有我一个人，孤枕难眠。这种孤单的滋味着实难熬，我的泪水打湿了枕头。记得我离开家来大阪的那天，母亲一直把我送到纪川车站，并反复向别的乘客请托："我家孩子要到大阪去。到了大阪就有人来接他，车上的这段旅程就拜托你们多照顾点儿吧。"她一遍遍地叮嘱我要注意哪些事情，却每每被眼泪打断。母亲含着泪水，目送我乘坐的火车离开，孤寂无依的身影渐行渐远。而现在，我在这里细细咀嚼内心深处的孤寂感，每当想起离别时母亲的模样，就会背着人偷偷地哭。

不过，事情很快便出现了转机。我开始当学徒之后，差不多过了半个月，师傅给了我五角钱，也不知道这算是工钱呢还是零花钱？用白铜铸成的五角硬币被我握在手里闪闪发光。我又是惊讶又是欢喜，犹记在家时分，我每天放学回家，母亲都会给我一分钱，我就拿去买两颗糖吃。五角钱可是整整五十枚一分钱呀！我长这么大，还没有谁一下子给过我这么多钱呢。这是我有生以来第一次收到的五角钱，那种喜悦的心情可想而知。

我把收到的这枚五角硬币放在掌心里，静静地端详起来。哎呀，师傅给的钱可真不算少，此时再没有比金钱在握更强烈的踏实感了。师傅还说每个月会给我两次。这么一想，当小学徒很孤单寂寞不假，不过我在这里干活可以得到五角钱，也不算坏事了。在不知不觉间，这样的想法慰藉了我的寂寥。

而且更不可思议的是，从我收到五角硬币的那天起，晚上睡觉的时候再也不会因为悲伤而流泪了。所谓人心，就是这么妙不可言。我人生中第一次收到的这枚五角硬币，发挥了强大的威力。有了它，孤寂和悲伤统统都烟消云散了，我也调整好了心情，以饱满的热情投入工作。

我的这一经历说起来可能跟小娃娃被豆包哄住而停止哭闹的事件略有不同，但我觉得这两者之间还是有共通之处的。在我看来，它们都说明了事物蕴含着魔力，这也可称为某种强大的说服力。当然，我这么说，绝不是希望你们把它引申到行贿受贿上去。我想说的是，我们应该从好的方面做到物尽其用，这也是至关重要的。能够做到这点，我相信凡事都会往好的方面顺利展开。

信心坚定，则无往不利：分文未付而得到
一万节电池

人在有事相求的时候，如果这件事会给对方造成极大的负担，那么自己就会踌躇不决，张不开口。即使勉强张口相求，想着对方也会拒绝，也就提不起心劲。自己这边都提不起心劲，对方便难以答应你的请求。可是，如果对方不施以援手的话，自己犯了难，那就更是一筹莫展了。究竟该如何是好呢？

松下电器在 1927 年 4 月开始销售方形自行车灯 National Lamp。该怎么进行宣传才能让 National Lamp 变得家喻户晓呢？我左思右想，最后想出了一个妙招。最初的宣传方法就是向社会免费发放一万个方形自行车灯。

自不待言，这是需要投入高额费用的。对于当时事业刚起步的松下电器来说，这个方案所费不菲，是个极大的负担，可谓赌上事业进行大冒险。可是，要想让这种新发售的 National Lamp 大获成功，还必须有决断，一定得采用这种破釜沉舟的

宣传方式。我信心百倍地着手开展宣传工作。

可是，有个巨大的难题横亘在眼前——免费发放方形车灯，这个我们能做到，但车灯必须装上干电池才能用，而当时松下电器还没有自行制造干电池。松下电器只生产电池盒，里面装的干电池是委托一家干电池工厂生产的。

自然，我们可以只免费提供电池盒，让客人自己买干电池装上，这也不失为一种解决之道。可是这样一来，就不能说是免费的了。如果为了试用车灯，必须自己掏钱买干电池，这实际上跟不免费没有多大区别。我们的出发点是免费提供车灯，以求新产品能够受到客人的欢迎，如果还得让客人为此一节节地去买干电池，那宣传效果就会付诸流水了。

该怎么办呢？我决定还是在车灯里装上干电池，再免费发放。可是，如果我们先从干电池工厂买这么多的干电池装到车灯上的话，需要的花费就太高了，我们真是负担不起。这种办法怎么都是行不通的。

但照当时的情形看，无论如何都得实施这种宣传方式。那么，就只剩一条路可走了，那就是让干电池工厂无偿提供一万节干电池。一万节干电池的费用可不是小数目，可想而知，干电池工厂不会轻易同意无偿提供给我的。然而要想在这种新型自行车灯的销售上取得成功，这一点又是关键所在，可谓成败在此一举，所以必须得征得他们的同意。

我立即奔赴东京的这家干电池工厂，对该工厂的负责人提出请求："请无偿给我提供一万节干电池吧。"猛然间听到这句话，这家工厂的负责人惊得目瞪口呆，真是丈二和尚摸不着头脑。还是他夫人从旁边插了一句：

"究竟是怎么一回事？我们还是云里雾里的，麻烦您再仔细讲一下吧。"

我就又说了一遍："我打算在市场上免费投放一万个自行车灯作为宣传，请您无偿提供配套的干电池，我需要一起发放。"我这么讲了，可对方还是回不过神来。他能理解我字面的意思，可是说什么"无偿提供一万节干电池"，这他就完全理解不了了，他也搞不懂我怎么会提出这么荒谬的请求。

"松下先生，您说想要我无偿提供一万节干电池，您确定不是在胡来吗？天下哪有那么好的事！"干电池工厂的负责人依旧是一副百思不得其解的表情。

这时，我就在斟酌究竟该怎么说才能让这位先生明白。我能列举出一堆理由，可在商言商，归根结底，最重要的只有一点：这件事对干电池工厂来说没有任何坏处。换句话说，如果这种车灯能够赢得市场的话，配套的干电池自不必说，当然会销量大增，而干电池工厂也会赚得盆满钵满。只可惜，赚得盆满钵满是后话，当今之计，我需要考虑的就是该怎么讲才能让对方理解并接受。我这样对干电池工厂的负责人说：

"我当然不是狮子大开口，要您免费送我一万节干电池。我们做个君子约定吧。现在是四月，我保证在年底前把您工厂的干电池卖出二十万节。真卖出二十万节的话，您就免费送我一万节吧。反过来说，这二十万节哪怕是少卖了一节出去，我们货款照付，您一节也不用白送给我。我相信卖的数量一定会比二十万还多。您就跟我定下约定，先送我一万节，我把它们装在车灯上免费向民众发放。您看这样行不行？"

干电池工厂的负责人及其夫人这才露出了笑脸。这说明他们终于认可了我的想法。

"这下完全清楚了。松下先生您真是太厉害了，我还是第一次遇到像您这么做生意的，您说得再明白不过了。要是您在年底前真的能卖出二十万节电池，那我就把这一万节电池的所得金额双手奉上。"

正如自己期望的那样，我分文没付地得到了一万节电池，高高兴兴地回到了大阪。当然，虽说是没付钱就得到了，其实还是有附加条件的，那就是得卖出二十万节电池才行。也就是说，现在其实还不清楚是不是真的能分文不付，说不定不能免费呢。要是在年底前卖不出二十万节，这一万节电池的金额还是得照付不误。

可是，我相信不会出现那种情况，我坚信一定能卖到那个数。这次推出的 National Lamp，不管是性能还是价格都是极富有竞争力的。再说，我还会免费发放一万个，这样一来也会收到极好的宣传效果，一定能做到家喻户晓。所以，这个商品一定会大卖特卖的，电池的销量绝对不止二十万节，我对此是充满信心的。

而且，也正是因为我满怀信心，才能成功说服干电池工厂的负责人。我坚信，要是免费发放一万节电池做宣传的话，年底前绝对会卖到二十万节以上。正是因为我有着这样坚定的信念，才会向对方提出请求，说要是我能够帮其卖出二十万节电池，就免费送我一万节。结果你们也知道了，我靠着这一条件说服了干电池工厂的负责人。而我之所以有底气提出这样的条件，也正是因为我有着坚定的信心。

就这样，松下电器开始免费发放一万个车灯。你猜怎么着？样品才刚刚发放一千个左右，订单就像雪花一样接连飞来了。产品的优良性立刻被广泛认同，在市场上大受欢迎。到了那年的年末，我查了一下究竟卖出去多少节干电池，发现销量远远超出了我们所约定的二十万节，达到了四十七万之多。

干电池工厂的负责人也震惊于这一奇迹，我觉得他从内心深处受到了震撼，叹服于我的作为。之所以这么说，是因为这家干电池工厂的负责人平日里很少主动出门拜访客户，他却在过年的时候专程来到大阪，郑重其事地拜访我，并向我奉上了感谢状和一万节干电池的价款。他对我是赞不绝口，我也高兴得难以自持。那是比分文没付而得到一万节干电池还要充实的喜悦之情。

我从这件事中得出的结论就是，怎么说才能让对方理解，这是很重要的事情。不过，这不单单涉及说话方式的问题，也不单单涉及表达技巧的问题，而是得以坚定的信心为基础进行的说服。我们一定得让对方明白，这件事也能给对方带来极大的收益。如果我们是这样劝说对方的，就一定能够打动人心，也就能顺利赢得对方的理解和共鸣。

就算只拜访一次，也要全力以赴：当上区议员的候选人

说服别人的技巧，自然有高下之别。但我觉得，从某方面来讲，最高明的说服方法还是那些能够根据当时的实际情况随机应变的方法。有时，我们口沫飞溅，费尽了口舌之力，才终于成功地说服别人；而在其他场合，三言两语就把事情给办成的例子也是屡见不鲜的。并没有什么套路可言，关键在于我们需要弄清楚在此种状况下该采用何种说服方法为宜，这才是至关重要的。

我有过这样的经历。那是在 1925 年我参选大阪市联合区议员时的事。承蒙町^①内同仁不弃，大家一致拥护我，希望我能够成为候选人。我平日里身体就不太好，所以打算谢绝这一美意。虽然我打算谢绝，可真是盛情难却，他们一个劲儿地说："这是町内同仁们已经决定了的事，木已成舟。再说选举

---

① 町，指日本的街道、村子或小区。

活动也不用你费心，同仁们会负责张罗的，你只管安心静养即可。"事已至此，我也只能说："承蒙错爱，那我就恭敬不如从命吧。"于是当上了候选人。

参选者共有 28 名，而议员席数是 20 名。光看概率，还是挺高的；谁承想，真的到了真枪实弹地进行选举活动时，才发现这是远远超出想象的激烈鏖战。当时选举还允许逐门拜访，就是说候选人可以挨门逐户地上门拜访，与有权投票者促膝畅谈，请求对方的支持。参选真的是丝毫不能懈怠的事情。

最开始，町内同仁们让我专心静养，同仁们自行负责选举活动的各项事宜。可是，作为灵魂人物的候选人自己躲着不露面，这也太不像话了。其他候选人都是不辞劳苦地一趟趟跑来跑去，挨家挨户拉选票，更别说我本身还是个无名小卒，大家根本就不清楚我的名字和长相。因此，在选举战中我渐渐落了下风，陷入了困境。

事情都到了这地步，我哪里还能安心静养？每次听人说起其他候选人是如何如火如荼地竞选的，自己也就憋足了劲儿，想着"我也一定不能输！""自己一定得把这件事做得漂漂亮亮的！"反而被激发了斗志。说来也怪，我这样下了决心之后，身体状况也有了好转。

因此，在距离投票还有 20 天的时候，一直都是神龙见首不见尾的我，终于站到了选举活动的第一线。虽然我是露面了，但从当时的情形看，我方阵营完全处于不利局面，基本上看不到什么获胜的希望。迄今为止，候选人连面都不露，所以出现这样的情况也只能说我是自食其果。不过，同仁们都还是满怀信心、意气昂扬的。

他们这么做也是有缘由的。迄今为止，我们町内还没有出过议员，说起来这是初次挑战这一职位，所以在选举活动这方面，我们大家无一例外全是外行。反过来说，也正因如此，大家都干劲十足，"我们一定会竭尽全力让自己拥护的候选人当选的。"就算完全没有胜算，大家也毫不气馁，一直坚持到最后。全体同仁就是这样，燃烧着无尽的斗志。

我自己也燃烧起了高昂的斗志，开始挨门逐户地走访有投票资格的人家，诚意十足地进行游说。不过，我跟其他候选人有点不同，那就是其他候选人不辞劳苦，一趟趟地跑到投票者的住处，不厌其烦地一遍遍进行游说，而我却是每家就只拜访一次。

诚然，为了充分展示诚意，让别人理解自己的热情与干劲，说不定他们那种三顾茅庐的做法才是有效的。可是大家想想，候选人足足有 28 名之多，就算每个人只登门拜访一次，投票者也得接待 28 次，还得倾听他们的施政计划，这可真让人吃不消。要是候选人重复登门三四次，可想而知，就算没到让人崩溃的地步，那些投票者也是疲于应付、烦不胜烦的。进一步说，候选人像走马灯似的你方唱罢我登台，每个投票者就会无暇他顾，家里成堆的活计也就只能搁置不理了，家家户户都成了开店停业的状态。

因此，投票者就渐渐地把候选人说的话当成了耳旁风，从心里感到厌烦："怎么还来？真烦人！"这样完全适得其反。我正是考虑到了这些，才决定只进行一次逐户拜访，而且要抓住仅有的这次与投票者面对面说话的机会，真心实意、用心十足地阐述自己的看法，博得对方的共鸣。

"这是在下初次参选，对区会的各项事宜知之甚少，不过在下深知区议员的责任非同小可，若在下有幸当选，一定不负所望，会尽心竭力为大家谋福祉的。这也将是在下唯一一次造访贵宅，今后绝不叨扰。请您务必多加关照。"我对每个投票者都说了这番话。

结果会是什么样呢？最后，我在 28 位候选者中以名列第二的高票数当选，这么好的结果真是出人意料。归根结底，全靠那些激情燃烧的同仁，他们热情澎湃、干劲十足地为选举活动奔波忙碌，那种热烈劲儿都可以称之为"狂热"了。结果也是成绩斐然，我以第二名的佳绩当选。全体同仁和我都是万分激动，忘情地不停高呼"万岁"。

所谓选举活动，可以认为胜负的关键就在于能够在多大程度上说服那些投票者。从这点来看，我方阵营的说服效果是极为显著的。这种说服力在很大程度上要归功于全体同仁的热情和信心。与此同时，我觉得在候选人逐户拜访投票者这种事情上，自己采用了正确的策略，没有一次次跑去当不速之客，而是在唯一一次的拜访中充分表达出诚意，从而获得了对方的认同和理解。

有句话说得好："过犹不及。"在某些场合，只有三顾茅庐才能说服对方；而反过来，就像这个例子一样，在另一些场合，只进行一次游说才是合适的。

我被人说服了：开始和住友银行进行业务往来

我们不只是说服别人，有时候也会被别人说服。有时我们会觉得对方说得在理，一下子就被说服了；可有些时候，我们起初是拒绝了对方的，可没能干脆利落地拒绝掉，最后反倒被说服了。如果有人问："怎么就会被说服了呢？"我们应该会列出各种各样的理由。但我认为，其中最重要的一点，还是因为被对方的热情和诚意打动了。

松下电器在 1927 年开始与住友银行进行业务往来，这也完全是因为拗不过分行职员的热情和水磨工夫。那个时候，松下电器主要跟十五银行进行业务往来，作为补充，也会跟六十五银行进行一些业务合作。这样可以充分满足所需，而且一切都进行得非常顺利，因此完全没必要再与其他银行进行业务往来。

可是，住友银行在松下电器附近新开设了一家分行（西野田分行），这家分行自从开设之日起，就不停地游说我跟他们建立业务合作，而且相关人员不止一次两次地登门造访，而是来了无数次。虽说跑了无数趟，但因我对现状感到非常满意，完全没有意愿跟除十五银行以外的其他银行建立新的业务合作关系。所以，不管对方跑了多少趟，我都是随便听听就把其打发走了。虽然也觉得挺对不住负责此事的银行职员的，可是也不能因此就脱口答应下来。所以，我还是一如既往，随便听听之后就恭送大驾了。

可是，那位银行职员也是个极有韧性的人，怎么都不肯放弃。半年过去了，一年过去了，他还是以惊人的毅力持续登门游说，真的是坚持不懈、持之以恒。他每次登门，我都会婉言拒绝，即便如此，下次他还是若无其事地继续造访。可就算他跑断了腿也是无济于事的，我压根儿就没有跟他进行业务往来的意图。话虽如此，我还是由衷地佩服那位职员对待工作的勤奋劲儿和热情劲儿。

我也觉得于心不忍了：总是让人家一趟趟地白跑，也太过意不去了。就想着，这次一定要直截了当地拒绝他，以后就别让他登门了。因此，我就对那位职员推心置腹地说了一番话：

"承蒙阁下厚意，多次热情拜访，在下不胜惶恐，深深感动于阁下的热忱，而且敝方能得天下知名的住友银行青睐有加，实在是光荣至极。阁下如此热忱地进行劝说，本应不辜负阁下的盛意，就此跟贵方进行业务往来，可是松下电器与十五银行长年保持着良好的合作关系，因此再跟其他银行进行业务往来这件事，并不是轻而易举的，从道义和人情上说不过去；而且从实际业务角度出发，说不定反而会带来不良影响。所以，承蒙阁下诚挚劝说，在下甚为感激，可出于这样的原委，请阁下宽恕为幸。"

在我看来，自己这么说已经是明确表示拒绝之意了，孰料对方还是不肯放弃，反而对我"穷追猛打"：

"谢谢您不厌其烦地给我讲了这么多。您所说的全都在理，我非常清楚您的意思。其实我也觉得就目前而言，松下电器维持原状也是挺好的，可是您可曾想过，松下电器难道会一直是现在这个样子吗？我妄加揣测，认为绝非如此。我相信松下电器以后还会有更加宏伟的发展前景，敝行所进行的调查已经显示出了这样的结果。因此，如果松下电器继续发展壮大的话，与其维持原样，只以十五银行为中心开展业务，我认为不如以两个银行为中心开展业务为宜，这样从任何方面来讲都是极其便利的。已经有许多先例证明了我所言不虚，因此我也是出于为松下电器的长远考虑才极力劝说您的，请您务必与住友银行也建立起业务往来。这既是为了住友银行的利益，我相信也一定会给松下电器带来巨大的利益。自然，您无须立即做出决断。我还会再次登门拜访的。请您务必斟酌一下我所提到的这些。"

我不禁感叹于他的口舌之利，他可真是能说会道呀。不过也仅限于此，我并没有因这番话而动容，还叮嘱他别再登门劝说了。当然，他可以以个人身份来我这里玩，我随时欢迎。我也是为他的热情所感动才会这么说的。

过了没多久，他再次登门拜访，仍是老调重弹，热情游说，一个劲儿地说和住友银行进行业务往来将给松下电器的发展带来多大的好处，并再次恳求我同意合作。不认输不行，最终我还是被他的热忱打动了。说到底，也是因为上次我们推心置腹地进行了一席长谈，亲近感也油然而生，而这种感情的羁绊就成了杀手锏。所谓人心，就是如此奇妙之物。不过，这也是人之常情嘛。

剩下的就是找出能够说服自己的理由。其一，和住友银行进行业务往来，松下电器的信誉只会更高，而不会受损；其二，如今的确是主要与十五银行进行业务往来，但同时也与六十五银行有着业务往来，并没有彻底实行只与一家银行进行交易的"一行主义"。最后需要考虑的也就只有进行业务往来的条件了。我的心态已经发生了极大的变化，觉得如果条件合适的话，也不妨就跟他们开展业务合作吧。

也就是说，对方提出希望开展业务合作，我拒绝了无数次，可最后还是被对方给说服了。

"我真是被你的热忱给打败了，你赢了。我会考虑跟你们建立业务往来的，但是关于这件事，我希望能够提一个条件，要是你们能接受的话，那我们就开始业务往来。"

连续一年的登门拜访，不厌其烦地进行游说，今天我终于松口说同意建立业务合作了，总算是有了成果，那位职员自然是喜不自胜。他的眼睛里闪烁着喜悦的光芒，脸上也溢出了微笑。不过，听说我还有附加条件，他就问道：

"是什么条件？请告诉我。我会尽可能地满足您的条件。"

我带着审视的目光看着他脸上那慎重的表情。他说是相信松下电器未来的发展，而且是为了松下电器能有着更好的发展，才希望开展业务合作的。如果他所言不虚，这就需要对松下电器给予极大的信任，而这也是松下电器另起炉灶跟住友银行开始业务往来的意义之所在，否则，双方开展业务往来这件事也就索然无味了。

因此，我从一开始就提出了一个条件，那就是在需要的时候可以拿到两万元的贷款。从当时来讲，我是要求对方给我极其优惠的条件的，因此，关于这一条件的实现也经历了一番波折。这一点我会在后面详细说明。不过，结果还是如我所愿。我们经历了漫长的说服和被说服的拉锯战，终于开始了业务往来。

不过，正是因为跟住友银行开始了业务往来，松下电器才得以平稳度过了 1927 年的危机，这是毋庸讳言的事实。

对"信誉"孜孜以求：开始交易前的两万日元

在生意往来方面，信誉可谓无价之宝，如果没有信誉，那生意就没法做下去。有鉴于此，能否获得对方的信赖，不管是对商人还是对实业家而言，都是不能等闲视之的重要事情。所以，也可以说商贾之道最关键的就是对信誉的不懈追求。

正如前面所说的那样，松下电器于 1927 年开始和住友银行进行业务往来。之所以会如此，是附近新成立的分行的职员热情游说的结果，可以说我是败给了他的水磨工夫，才有意与住友银行合作的。当时松下电器一直跟十五银行进行业务往来，已经可以充分满足业务的需求了，其实并没有必要另起炉灶跟住友银行进行业务往来。可是，我被银行职员的热忱所打动，生出了与住友银行做生意之心。

虽说我有意与对方进行业务往来，却提出了一个条件，那就是与对方在开始业务往来之前，能否同意随时提供两万元的大额贷款。要是他们对这一条件没有异议，那我们就可以开始业务往来。

对此，那位银行职员的说法是："咱们还是先开始业务合作吧。只要咱们开始业务往来，在资金方面完全可以通融。"银行方面要求先开始交易，而我要求先得到贷款承诺。双方谈不拢，那位银行职员左右为难，只留下了一句话："我得回分行跟分行行长好好商量一下。"就回去了。

为什么我会提出希望先得到贷款承诺的要求呢？说到底，我考虑的是信誉的问题。银行希望双方能够进行业务往来，应该也是考虑到松下电器是值得信赖的公司，应该也将松下电器的未来前景考虑进去了，认为我们是可以不断发展壮大的公司。如果是基于这样的考虑而游说我进行业务往来的话，应该说将这种信任转化为实质的形式表现出来也是无可厚非的。再进一步讲，如果不能以实质的形式表现出来，所谓的信任也就只是空口白话罢了，这种信任没有一丁点实质意义。

过了四五天，那位职员再次登门。

"我们分行长说他非常理解松下先生所提出的要求，让我转告他想跟您进行合作的迫切心愿。您所提出的贷款事宜，只要我们先进行三四个月的业务往来，一定会如您所愿的。"

听了这句话，我愣住了。这不还是以前说的那套吗？一点儿也没有实质性的进展。他们不会是没搞懂我所提要求意欲何为吧？要是这样的话，不就是说，信誉这一点根本就没有被他们列入考虑范围吗？这太匪夷所思了。因此，我又耐着心情把我一贯的主张（或者说"要求"）对他重申了一遍。他边听边点头，应该是听懂了我在说什么。

遗憾的是，我话音刚落，他就抢着说：

"我懂您的意思，松下先生。您说得句句在理，但就我们银行而言，就是信誉再好的公司，在双方还没有进行业务往来的时候也很难做出贷款承诺。而且从现实情况来看，也从来没有过先例，起码我是对此一无所知的。所以，我恳请您还是先开始业务合作吧。"

我也觉得对方所言甚是。他们是极其可靠的银行，从银行的立场出发，采用这种处事态度也是理所当然的事情。所以，干脆就这样谈妥，开始业务合作，也是万无一失的。

再者，我们真的开始合作的话，社会上的人并不会对松下电器的信誉说三道四，反倒可以认为，跟住友银行进行业务合作有利于松下电器信誉的提升。

可是，如果不把信誉问题列入合作的条件，就这样开始业务往来的话，我真的觉得这件事没有任何意义。因为我们一直是跟十五银行做生意的，而且业务进行得顺风顺水；现在另辟蹊径，与其他银行建立业务往来，根本就是毫无意义的事情。所以，如果对方真的充分信任松下电器，一定得让他们将这种信任实质性地表现出来。能否做到这一点，才是关键所在。

因此，我对那位职员说了这番话：

"我非常理解你们银行的立场。不过，我在这里提出的要求，涉及信誉问题。你们既然打算跟松下电器做生意，就表示信任我们公司。如果这种信任真的存在的话，那么是在开始合作前给予贷款承诺还是在开始合作后提供贷款，其实没有什么本质区别。如果你们无法接受我所提出的条件，那不就是说，归根结底你们其实并没有真正信任松下电器吗？因此，我想请你们重新对松下电器彻底进行一番调查。你们调查之后，对我们公司的情况有了更深的了解再给出贷款的承诺，也是可以的。也麻烦你再好好地跟你们分行长谈谈，如有必要，也可以安排我跟分行长见一次面。"

那位职员身负使命地回去了。之后又是怎样的情形呢？过了一段时间，分行长打来电话，说希望我能够拨冗相见。终于到了直接跟分行长详谈的地步了。我去了分行，与分行长会晤，再次对分行长阐明了自己的想法：

"做生意这种事，说到底正是在一定范围内有着信誉才能进行下去。自然，这个范围可大可小，不过如果进行充分的调查，就会清楚范围的大小。在此范围内，应该不会出现无法给予贷款承诺的事情。说起来就算我们这么小的松下公司，只要我们的客户信誉度好，他们从一开始就能先不付款，提取价值五千日元甚至一万日元的商品。你们这么大的住友银行不可能做不到给予贷款承诺的事。所谓的无法承诺，只能说明你们并未给予真正的信赖。这样的话，咱们也就没有做生意的必要了。"

分行长一言不发，静静听完我所说的话，然后重重颔首，说道：

"我完全明白您的意思。这件事情不是我一个人能够做决定的。我会跟总行进行协商，必须做到给予贷款承诺这一点。

如您所说，我们会进行详细调查的。"

费了一番周折之后，这件事终于落到了实处，有了进展。接下来，对方做了详细调查，分行长也四处奔走斡旋，终于在1927年2月，以两万日元无条件贷款协议为前提，松下电器和住友银行开始了业务往来。

我们开始业务往来刚过了两个月，就发生了银行骚乱。全国都出现挤兑风波，十五银行也停止了兑付。松下电器陷入山穷水尽的绝境。幸运的是，与住友银行的协议还是按照约定的那样顺利履行，松下电器因此摆脱了困境。自此以后，松下电器就长期奉行"一行主义"，以住友银行为中心进行业务往来。

比千言万语还管用：一休和尚与地狱极乐

在说服别人时，我们有时会遇到单靠口舌之利无法说服对方的情况。那么这时该怎么办才好呢？说起合适的应对方法，自然得根据场合的不同而不同。不过，我认为有一点还是共通的，那就是我们可以让对方亲眼看到，或者让对方亲身体会到我们所表达的东西，以此说服对方。

关于这一点，下面所讲的一休和尚的故事就可谓极好的例子。

这个故事讲的是一休和尚年轻时候的事。据说一休天资聪颖，经常教导别人，给人开示指引。可是，也有一些人就看不惯一休这个样子，认为一个年纪轻轻的小和尚，可真是不知天高地厚呀。于是，他们中有一个人就向一休和尚问法：

"我听说，有地狱也有极乐净土。"

"自然都是有的。"一休和尚回答说。

"可是，我还听说，不管是地狱还是极乐净土，只有人死后才能去往。"

"一点儿也没错。"

"据说要是人们在生前做了恶，死后就得艰难跋涉，历尽艰辛渡过三途川和死出山这些难关，才能到达地狱。而所谓的极乐净土，据说是在十万亿佛土的彼岸，更是遥不可及，可想而知是多么遥远的行程呀。像我们这些身子羸弱的人，别说去极乐净土了，恐怕就连地狱也是去不了的。你说呢？"

被如此诘问，一休和尚平静地回答：

"所谓地狱，并非存在于遥远的地方，它就在眼前，就在此岸世界里。净土也一样，并不在遥远的彼岸世界。"

那个人马上反驳道：

"非也，非也，你说地狱和极乐世界就在眼前，可它们也不能真正显现出来，咱们是看不到的，你这样可说服不了我。你这个年轻小和尚，还是没法真正让我们开悟呀。"

一休和尚被他一顿奚落，不由得勃然大怒。

"你这家伙，别看我年轻，就随便瞧不起人。"一休怒不可遏，抓起一根绳子，走到那人的身后，将绳子套在他的脖子上，再紧紧地勒住。

"快说，这个滋味如何？"

那个人的脖子被勒得紧紧的，不由得哀叫连连：

"难受死了！我懂了，我懂了。这就是地狱。一点儿都没错，我真是在地狱里。你饶了我吧！"

一休就松开绳子，又问道：

"你再说说，这又是什么滋味？"

那个人大口大口地喘着气，说：

"嘻嘻，这可真是极乐世界，是净土没错。我现在真正体会到了。我想着你还是个年轻小和尚，不会真有什么了不起的。是我错了，我向你赔罪。你的智慧真是太高明了。"

一休和尚发现，用言语表达，对方无法领会真谛，就机敏巧妙地让他亲身体会。这样一来，对方立刻就领悟了。在某些场合，即使我们费尽唇舌，说了千言万语，对方也明白不了；

反之，还有一些场合，我们一句话都不用说就能让对方明白。这个故事不正是说明了这个道理吗？

不过，这当然得取决于对方，是因人而异的。对于某些人，适用那种有条有理的说服方法；也有些人，就适合引经据典、长篇累牍地去说服。这都得摸准对方的脾性再做决定，并不是那么容易的事。不过在我看来，不管是在我们的日常经营中，还是工作的处理上，都必须牢牢记住这一点，这是至关重要的。

获得全场一致赞成：以真心实意待人接物

我们大家在处理事情的时候，有很多重要的事宜需要考虑。不过在我看来，其中有一件非常重要的事我们绝不能忽视，那就是以真心实意来待人接物。即使我们面临天大的难题，只要我们永远保持诚意，持之以恒地加以努力，困难自然会迎刃而解。就是这么回事。

说起 1965—1966 年时的境况，各行各业都面临着经济大萧条，电机业界自不待言。松下电器也从全国的销售公司和代理店了解到实情，认为必须想方设法改善现状，开辟新的出路。经过反复的讨论，我们找到了解决的办法，那就是实施新的销售制度，让流通过程更加合理。之所以这么做，是考虑到这样能给消费者提供便利，这是最重要的一点。与此同时，也会给参与货物流通的各路人马带来益处。因此就这样定下了今后的出路。

可是，真正在这条路上行进的是销售商，因此，销售商的支持与理解尤为重要。就算我们大声喊着："我们已经决定了新的出路，请照着走下去吧。"但他们真的就愿意这样走下去吗？对于这个谁也不清楚。

有鉴于此，我就亲自出马，把大阪的 1200 家销售商召集在一起，详细介绍新的销售制度，请他们配合新政策的实施。我这样深切地请求，其结果又如何呢？他们会做出什么样的反应呢？能不能高高兴兴地表示赞同呢？事情可没有这么简单。听了那些出席会议的销售商的意见之后，我才发现情况甚是棘手。可以说当时四面八方传来的全都是反对和责难的声音：

"我们这家店从我父辈那代起，就跟 × × 销售商做生意，一直保持着亲密的合作关系。可是，这种新式销售体制按地区来划分进货的销售商，这样的话，我们就得跟常年打交道的老客户断了生意往来，还得跟其他商家从头开始做生意。这根本就不是能不能体谅的事！我坚决反对。"

更糟糕的是，像这样提出反对意见的，多是实力雄厚的店铺。这可真让人头疼呀。再说，他们提出的这种反对理由，也是言之有理的。虽说言之有理，可是从发展历程来看，其实是弊大于利的，这也是明白无误的事实。因此，我不得不提高说话的音量，向那些坚决反对的店铺耐心地做进一步说明：

"您可能会觉得保持现状就挺好了。殊不知，实际上这一点儿都不好，因为这妨碍了我们进一步向更好的状态发展。实行新销售制度后，我们整体的利益都会提升。像你们这种实力雄厚的店铺，更是会得到巨大发展的。所以，请您务必同意这种做法。"

就像这样，销售商层出不穷地提出问题，我一一地细致作答。在漫长的时间里，就是不断地重复这一过程。那天其实我的感冒还没有痊愈，身体很不舒服，但想着这件事至关重要，就硬是挺到了最后。转眼间三个小时过去了，我还丝毫没有从讲台上下来的念头。"如果不能获得大家的理解，那就必须尽最大的诚意给大家说个透彻，直到大家能够理解为止。"我下定了这样的决心，也非常认真诚恳地告诉大家，就算要赌上松下电器的命运，我也要坚决实施这一新制度。我是如此的毅然决然，销售商终于败下阵来，就冒出了这样的话头："既然松下先生都说到这个分上了，那咱们就不管好歹，姑且先试试吧。"

我就问大家："那么在座的各位同仁全都赞成我的提议

吗？"这时有一半的人鼓起掌来，可剩下的一半还是沉默不语。将这种情形看在眼里，我就想："这还不行。要是觉得这样就算是把事情搞定了的话，那可真是大错特错了。"于是我使出了浑身解数，继续加以说明并恳请大家支持：

"现在看起来，大家对我所说的终于算是有所了解了。刚才有一半左右的人鼓掌支持，这是多么难能可贵呀。然而，这项事业并非是只有一部分人表示赞成就能顺利实行的，再说，这并不是我松下幸之助的事业，而是在座各位的事业。如果在座的同仁不能率先垂范，那这项事业绝对是干不成的。请大家不要低估了这项事业的重要性。"

"我费尽口舌做了一番解释说明，可能有些同仁就觉得一直反对下去也不是个事儿，就采取了沉默不语的消极态度。但这样的话，这件事百分之百会失败。所以我想确认的是，各位同仁能否把这件事当成自己的事业，做率先垂范的榜样，以此态度来开展新事业呢？"

"这项事业实在是太重要了，需要在座的同仁全力以赴。因此，我希望各位能够彻彻底底地表示赞同。也由衷地希望能够获得全场的一致赞成。"

　　我又花了一个小时左右讲了上面一番话。这次，响起了热烈的掌声。在座的所有人都用力地鼓掌表示赞成，场内掌声雷动。我又是高兴，又是感动，不由得信心倍增，我觉得"照这个形势来看，一定能行！"也获得了无尽的勇气。如果能够在大阪顺利实施这种新的销售制度，那么在神户和东京也一定能够顺利实施。而实际情况也正是如此，新的销售制度就这样在全国范围内顺利实施，也随之带来了喜人的结果。销售商的经营状况得以改善，销售公司的经营业绩也逐渐好转。

　　这次的经历让我感到，如果真心实意地待人接物，就一定会无往不利。我真正体会到了"善意的说服力"是何等的重要。如果没有"善意的说服力"，就会失去重要的客户。因此，尽管新的销售制度在起初遭到了销售商的强烈抵制，最后却仍能走上正轨。在我看来，这一切都是因为在根本上支撑其实现的"善意的说服力"。

第三章

人的经营

人心变幻莫测：激烈争论后出现的惊天大逆转

我们每个人偶尔会在不经意间获得审视自身的机会。平日里大家努力奋斗、忙于事业，往往会出现这样的情形：把真实的自己完全丢在了一边，只是根据当下瞬间的状况进行思考并付诸行动。不过，就算我们在喧嚣中迷失了自我，但只需要一个契机，就又会意识到自我的存在，继而静静地审视自己的所作所为，并进行一番思考。而这些都会引起我们对自身的深刻反省。

以前，我曾因为松下电器业务的需要，去欧洲和某家公司谈判。这里要讲的就是那时候的事情。那次谈判进行得非常困难，一点儿都不顺利，双方各执己见，激烈交锋，丝毫不让步，甚至会拍桌子怒吼。不过，纵使双方进行了如此激烈的交锋，最后也未能达成共识，反倒是事态越发恶化，谈判陷入了胶着状态。

大家对此也是一筹莫展，只好暂时偃旗息鼓，约定先去吃午饭，饭后再继续谈判。我们就是在这种情形下吃的午饭。饭后我去参观了某家大型科技馆。当时我做梦也没想到，就是这么偶然的一件事，居然会在后来造成了那么出人意料的结果。那时，我就是在科技馆转了一圈，用心观看了各式各样的展品。

突然，我的视线被某件东西吸引住了，那是一个原子模型。虽然现在我能叫出名字，其实当时我完全不知道那是什么东西，对此没有任何了解。电子不停地围绕着原子核旋转，而它那旋转的姿态就这么映入了我的眼帘。我听了讲解才知道，我们日常司空见惯的铁块，如果被细细分解的话，就是铁分子的集合体；再将分子分解开来的话，就是原子的集合；我们分解原子的构造，就会发现电子在围绕着原子核旋转。这里摆放的就是原子的这种模型。

听了介绍，我真是无比诧异。在今天看来，这种事情在某种程度上可谓是常识性的东西，可当时我是一无所知的。日常生活中我们会接触到很多铁制品，光看外表，它们可是纹丝不动的，而且一般来讲，铁给人的印象就是沉甸甸的，很稳重的感觉；哪承想，在如此沉重的铁块内部，原子，正如这个模型所描绘的那样，在不间断地运动着。说起来我们怎么能知道得这么详细呢？这都多亏了科技的进步。而推动科技进步的又是什么呢？自不用说，是人类，是人类创造了这么伟大的成果。这样一想，我就深深地为人类的伟大而感到骄傲。这一刻可谓刻骨铭心。因此，在下午重启谈判的时候，我先说了一番话：

"我刚才去了科技馆，参观了原子模型，那种震撼真可谓刻骨铭心。人类的力量实在是深不可测，已经拥有了这么优秀的技术。另外，据说前不久，阿波罗 11 号开始了登月之旅。人类的智慧已经发展到了这种地步，科技也在不断进步，我由衷地感到人类实在是太伟大了。"

"遗憾的是，尽管如此，人与人之间的关系却绝不像科技发展那样能取得长足进步。时至今日，我们彼此在交往时仍然满怀猜疑和提防，相互憎恨仇视，争执不下，甚至到了兵戎相见的地步。这样的事情在世界各地重复上演，即使身处和平安逸的街市，我们大家也在内心深处进行着丑恶的争斗。"

"为什么人与人之间的关系完全没有进步呢？就人与人之

间的关系而言，我的想法是，我们大家需要共同努力，建立起相互信赖的合作关系。不应该揪着对方的过错不放，进行指责诘难，而应该去原谅对方的过错，对其表示同情，做到共存共荣，合作发展。如果科技在飞速发展，而人类却未能同步做到心灵和精神的进步，谁也说不清这样的不平衡会不会造成巨大的不幸。说不定会出现使用核武器彼此攻击、造成大量伤害的事件。"

那天中午参观科技馆，我的确是被深深地震撼到了。下午谈判的时候，我就开诚布公地道出了自己的所思所想。而对方那些负责谈判的人刚开始不明白我要说什么，脸上露出困惑的表情，但还是饶有兴趣地侧耳聆听我的发言。等我说完后，现场的气氛变得静谧祥和了，与上午相比可谓天壤之别，甚至连空气也变得和善起来。上午的谈判激烈到拍桌而起的地步，离谈判破裂只有一步之遥，而我在开会时讲了这番话之后，现场的气氛随之变得静谧安详了。

更大的惊喜还在后面，对方全盘接受了我的主张，他们的决定是："那我们就照你说的做吧。"事态发生了惊人逆转，本来差一点儿就要破裂的谈判居然达成了一致。

对于这个意外之喜，我自己也感到莫名其妙。我并不是为了达到这样的效果才故意说这番话的。我在午间休会的时候去科学馆里闲逛，不经意间目光落在了原子模型上，听了讲解说明，不由得思绪万千。我只是如实地说出自身的感受罢了。可是，对方听了后态度却发生了 180 度的变化。这也只能说是全然不可思议之事。

要说这究竟是怎么一回事，其实我至今也没有弄明白。不过，有一点是可以明说的：所谓人心，变化万千，深不可测。人们相互憎恶，拳脚相向，这是由于人心的作用；而大家相亲相爱，携手同行，也是由于人心的作用。人心不断运动，变化莫测。

我们在开展日常的经营活动时，必须充分认识到人心是如何作用和变化的，这一点极为重要。

随机应变，应对自如：上杉谦信和毗沙门天的故事

人非常喜欢制定各种章程和规则。大家制定规则并共同遵守，至关重要。只有大家共同遵守规定，良好的秩序才能得以维持；而只有秩序井然，我们大家的各项事业才能顺利开展。这样一来，我们就能获得更好的成果，也会使人类的整体生活进一步改善。可以说，这些规则和规定是为了保障大家的利益，这自然是好事。但是，如果我们碍于规则和规定而束手束脚的话，这还能说是好事吗？关于这一点，我觉得大家有必要不时地进行反思和自省。

说起上杉谦信，大家都知道他曾在川中岛单枪匹马迎战武田信玄，是战国时期的著名武将。关于谦信，流传着这样的传说。据说上杉谦信笃信毗沙门天。毗沙门天是日本七福神之一，据说这位神明击败了恶魔的军队，守护了佛法。谦信虔诚地信仰着这位神明，并把毗沙门天的"毗"字当成了军旗的旗号。上杉军队的"毗"字军旗猎猎飘扬，所到之处敌人望风披靡，真是值得夸耀的劲旅。

此外，因为信仰毗沙门天，所以每逢进行重要的盟誓和约定时，大家都会在毗沙门堂集合。谦信高踞上座，下方自家老而起，所有的家臣坐成一排。在这种环境里，大家严肃慎重地发下盟誓或进行各种约定。因此，在这种场合所立下的盟约本身就具有无上的权威，大家都会坚守盟约。

某天突然发生了一件大事：邻国的农民暴动了，他们纷纷奋起反抗领主的统治。这可真是出大事了，弄不好还会波及到谦信的领地，那可不得了呀。但是，在考虑如何应对这件事的时候，首先必须亲眼看到并明确掌握暴动的规模和实际情况，否则就无法做出任何决定。因此，上杉谦信决定立刻向邻国派出细作（按现在的话来说，就是让调查员奔赴现场收集各种情报）。

可是，虽然决定派人去刺探情报，但当时说起邻国，完全就是另一个世界。如果细作的身份暴露了，等待他的只有被抓起来杀掉的下场。因此，细作也是命悬一线，跟奔赴战场没有任何区别。因此，在派遣细作的时候，得让他宣读誓约。誓约的内容自然是承诺即使豁出命来也要完成刺探的使命。

家臣就说："事不宜迟，我们就跟往常一样去毗沙门堂，让他在毗沙门天的面前宣读誓约吧。"

上杉谦信却是如此作答的："不需如此，现在哪里还顾得上做那种事？事态刻不容缓，说不定下一刻农民暴动就会蔓延到这里了，必须立即掌握实情。要是现在把他带到毗沙门堂，就贻误战机了。不用去毗沙门堂，就当着我的面宣读誓约吧。"

家臣们大吃一惊。迄今为止还没有这样的先例，特别是那些老臣们，经年累月下来，对规矩的服从已经深入骨髓了。他们不停地嘟囔着，这个说"这太奇怪了"，那个说"这可不合常规"，等等。见此情形，上杉谦信又是如何处理的呢？他并没有勃然大怒，而是微笑着说了下面一番话：

"各位好好想想吧。因为有我的存在，毗沙门天才得以起用；因为我对他的信仰，毗沙门天才得以施行威能。要是没有我，毗沙门天也没有机会被起用，就与其他任何一位神明没有区别。所以，要是我得向毗沙门天行两三次礼的话，毗沙门天就得向我行三五十次礼才行呀。因此，现在就把我当成毗沙门天，在这里向我宣读誓约就行了。"

听主公这么说，家臣们终于反应过来，不用特意去毗沙门堂，让细作在谦信面前宣读誓约即可。要是平时的话还好说，现在可是刻不容缓的紧急时刻，得照主公说的做。因此，家臣们领会了谦信所言，让细作当场宣读誓约。

这个故事到底有几分真实性真不好说，不过，提到上杉谦信这名武将，大家公认他具有远见卓识。除了这个故事，世间还流传着他给老对手武田信玄送盐等各种传说。他做的都是远非常人所能及之事。

这个故事的有趣之处就在于，本来是有个规则或者说是习惯的，在发誓或做约定时，要去毗沙门堂请神明见证。而上杉谦信却并没有拘泥于此，只是家臣们被日积月累的习惯所束缚，头脑死板，不知变通。因此，当他们听到谦信发出迥异于以往的指示时，未能迅速应对。一旦遇到紧急情况，这样就会误了大事。说到底，还是得根据时间和场合的不同，采用不拘于常规的灵活态度行事才行，这是至关重要的。而能够做到此点的，也只有人类。

另外，这个故事还给我们其他启发，那就是我们无须被自己的信仰所束缚。自然，对于这种做法有人赞成，也有人反对，不能轻易下结论。不过，我觉得谦信的想法值得我们思索。因为自己信奉，毗沙门天才得以起用；如果自己不信奉的话，毗沙门天也就没有发挥威能的机会。这实在是有趣的见解。

乍一看，这可真是傲慢不逊的态度。毗沙门天可是神明，以这种想法对待这位神明，有人会认为谦信实在是不敬不逊之至。确实，从某个角度来看，这种说法是有道理的。可是在我看来，谦信采用这种态度，是因为他占据主位。在人和神明的关系上，身为人类的谦信占据主位，是人类的信仰使得神明得以被起用，人才是主体。神明之所以是尊贵的，正是因为获得了人们的信仰之力。这不正是谦信所说的吗？我们从这个角度来考虑，就必须得承认他那并不是不逊的态度，而是充分明白尊贵的真谛之后采取的最虔诚的态度。

不管怎么看，这故事讲的都是不拘常规、随机应变的道理。而要想真正做到随机应变，每个人必须要占据主位，否则就很难做到这一点。要是那个说这件事得这么做、这个又规定不这样做不行的话，我们就会时时被惯例和规矩所束缚，很难做到随机应变。只有每个人时时占据主位，保持主动性，才能做到这一点。

我认为，在日常工作中，不管是企业经营还是与人做生意，上杉谦信的这种态度有很多值得我们借鉴的地方。诸位如何看呢？

万众一心：热烈庆祝年初首次发货仪式

某个集团或公司要想顺利开展各项活动，最重要的一点就是要有凝聚力，要把众人的力量凝聚在一起。大家和睦团结，心心相连，劲儿往一处使，为完成共同的使命和既定的目标而努力奋斗。如此一来，就会看到大家生机勃勃地开展各种活动的模样，也能看到由此而产生的喜人成果。

所谓的凝聚力和团结精神，具体得怎么做才能产生并不断提升呢？我觉得很多东西都值得考虑。例如，有时候大家需要一起负责一件极其重要的事情，或是完成重要的使命，这时候，高涨的使命感就会把大家团结在一起。再举个更为浅显的例子，在我看来，大家一起举行某种仪式活动，也能凝聚起大家的向心力。

就拿松下电器来说，从很久以前的某一年开始，每年正月都会举行年初首次发货的仪式，这是长久以来的老规矩了。以前的仪式活动可真是盛极一时。举个例子吧，我们刚在大阪门真成立总公司（总社）和工厂的第二年（即 1934 年），那次的年初首次发货仪式真是极其盛大隆重。

那天是 1 月 4 日，说是凌晨 4 点集合。那会儿天都还没有亮呢，可大家都干劲十足，深夜两点的时候，已经有人陆续过来集合了。毕竟是新年伊始，对这头一项工作大家都铆足了劲儿。我们穿的服装统一是步一会的制服（有点儿类似童子军的制服，再在外面罩上深蓝色印字短褂）。所谓步一会，是全体社员都加入的组织，为达到和睦向上的目的而创建。

大家都到齐之后，纷纷立刻着手准备年初首次发货的各项事宜。有些人忙着将产品装上卡车；有些人则是嘴里塞满刚出锅的饭团，只管先填饱肚子；还有些人一口气喝光了盛在大碗里的酒，以此来提起精神。现场充满热烈的壮勇气氛，跟临上战场的情形完全一样，每个人都有一种即将奔赴战场的豪迈劲儿。

现场挂着我写的标语（当时我担任松下电器制作所的所长），用来激励士气。每个大字墨痕未干，内容如下："在新年伊始，我们盛大举行年初首次发货仪式，具有深远的意义。期望这一活动能成为本年度业绩发展的重要象征。"

当天用于年初首次发货的卡车共计 41 辆，规模极大。因为当时完全不需要考虑交通拥堵的问题，就算在年初首次发货时调用了这么多辆卡车，事情也都进行得非常顺利。

打头阵的是去往最远地方的京都班货车，它们最先出发。当时正值 1 月份的寒冬，刺骨的狂风呼啸肆虐；不过天气非常晴朗，皎洁的月亮如明镜一样高悬天际。沐浴在清澄的月光下，卡车一辆接一辆陆续驶出。送走了京都班，接下来就是神户班。在众人盛大的欢呼祝福声中，它们威风凛凛地驶向远方。余下的就是发往大阪市内的各班货车了。发往市内的卡车在门前排成一字长蛇阵，整装待发，场面极为壮观。所有的人都在玄关前面集合，带着紧张感，仔细聆听我这个负责人说的那些鼓励士气的话。

激动人心的时刻终于到来了，每个人都迅速登上自己负责的卡车，向市内出发。正逢长夜过去、黎明到来的时刻，大大小小的锦旗插在道路两边，在晨风中迎风招展。长长的卡车队伍开始缓缓移动。此时，时钟已经走过了七点半。

每辆卡车分别开往自己负责的区域，把年初首次发货的商品送到合作商家那里，不管走到哪里都受到热烈欢迎。新年首次交货，这的确是件可喜可贺的事情。大家围在一起，双手合十祈愿店铺繁荣昌盛，并兴高采烈地拍手庆贺交货，还放声高呼"万岁"，沉浸在喜悦、高昂的气氛里。之后，卡车继续开往下一家店铺，那里也是同样的情形，盛大庆祝年初首次交货。

卡车一辆接一辆地返回，没有发生任何意外。大家顺顺利利地出色完成了年初首次交货的任务，意气风发地归来。等到最后的京都班也归队之后，全体人员举杯共庆，在阵阵"万岁"的欢呼声中结束了年初首次发货的仪式活动。

现如今，因为考虑到交通状况，已经没有机会再搞如此热烈盛大的仪式活动了。自己也颇有百无聊赖之感。在我看来，正值新年伊始，全体成员齐心协力，共同参与如此盛大的仪式活动，其意义可谓重大深远。这意味着我们彼此万众一心，共同携手迈向新的一年。为今之计，我们需要考虑如何适当调整形式，以便更好地延续类似的仪式活动。我认为即使在今天，这样的活动仍是必不可少的。

用心经营是关键：这一点只有"人"才能做到

所谓的经营，究竟是什么样的呢？关于此点，人们往往众说纷纭，各执一词。早在很久以前，我自己也会时不时地就此做一番思考。在反复思索之后，也因此有不少发现。例如，我认为这一点对经营来说是关键所在，又或者是我觉得经营的要诀就在这个地方，甚或是在我看来，这才可谓是经营。诸如此类。我也不断把自己的见解跟他人分享。

记得 1933 年 12 月的某一天，我在公司上班的时候突然领悟到一件事。这件事是如此重要，它关系着公司的业务能否更好地开展，必须立刻向员工传达此点。出于这样的考虑，那天下班的时候，我就迫不及待地告诉大家我的看法。

"我知道工作了一整天，大家都是又累又乏。不过，我突然想到了一件事，想占用大家一点儿时间谈一谈。我发现，近来可能是因为我们公司的业务在不断发展壮大，所有的人都疲于工作，根本无暇考虑是否还有更有效的工作方法，而只是机械地照流程来处理各项事务，这种倾向极其严重。然而这对工作而言，是有百害而无一利的。这样下去，是不可能有任何进步的。”

"我们所有人，必须得把自己的工作当成一项事业来用心经营。不管是多么微不足道的工作，在把它当成一项需要认真经营的事业的时候，就会发现有很多地方值得进一步改良，从而给工作带来崭新的发现。这个社会上每个人都在同样努力地工作，而能够功成名就的人却是凤毛麟角的。这就是因为大家缺乏我所要说的经营意识，没有用心进行研究探索，只是被工作占据了全部心神。"

"咱们松下电器制作所，如果只是这种人的聚居地的话，就毫无未来可言。我希望每个人走上社会后都能够独当一面，做任何事都能够出色地独立完成。而也只有当松下电器真正成为这些人的集合体的时候，才能达到预期目标。大家必须认真考虑，如果我们每个人每天都在不断培养自己作为经营者应具备的素养，那自己在未来该会成为何等强大的存在呀！"

那时，我谈话的重点就是希望大家具有经营意识。不管自己从事的是什么样的工作，不能觉得自己光是服从命令、遵从安排，认真做好本职工作就足够了，而应该是自己主动追求更好的表现，努力寻找窍门，为工作带来变化和革新。我反复强调其重要性，并指出，每个人都应该具备这样的经营意识，成为自己所负责的工作的经营者。是否能够实现良好的经营，全部跟"人"息息相关。经营的好坏，也完全取决于人。

做完这次讲话过了大约一周的时间，我去松下电器的两家工厂视察工作时欣喜地发现，这些工厂的运营状况跟以前截然不同了，各项工作都有了显著改善。就在前不久，才刚把两位部长，也就是公司的中层干部下放到工厂，让他们直接负责经营管理。这才过了多久，他们每个人的经营业绩都有了显著提高，工厂整体风貌也是焕然一新。由此，我深刻体会到，说到底，经营靠的都是"人"。负责人的工作面貌，就决定着经营的好坏。我从内心深处深刻地意识到了这一点，也就把自己的所思所想告诉了员工。之后仍是意犹未尽，接着说了下面的话。

"……遗憾的是，目前咱们公司还很缺乏这种接受过充分培养的人。因此，我想尽一切努力，把每一位员工都培养成这种具备优秀才能的人。我也希望诸位能意识到这一点，早日具备经营者应有的修养。如果大家只是机械地埋头工作，是不可能一直取得更好发展的。"

我认为这点正是事业成败的关键所在，故而又在第二年（即 1934 年）的新年第一天（就是 1 月 1 号元旦那一天），再次郑重地叮嘱了一遍。我在新年致辞里说了下面一番话。

"……我们大家如果只是机械地完成各自负责的工作，这是远远不够的。只有把任何一项工作都当成事业来经营，才能更好地开动脑筋找窍门，继而带来新发现。这么做的话，不仅会给公司的业务发展带来良好效果，也会给我们每个人的自身发展带来极大的提高。"

"因此，我把这句标语当成今年的压岁钱送给大家吧：'经营的秘诀就在这里。此一发现价值百万。'"

像这样，关于经营的重要性，我后来也反复在公司里向众人宣讲。大家都是活生生的人，如果只会像机器一样，死板地重复同样的工作，那可真是一种浪费。我们需要活用自己的智慧，在创意方面下功夫，"日新又日新"，争取每天都以更好的姿态面对工作。而能够做到这一点的，也只有"人"。做到了这些，我们就能一步步地提高大家的生活水平，逐渐增强大家的幸福程度。

让人心甘情愿：明治时期税务署的做法

我们在与人交往的时候，如果对方的态度盛气凌人，或者手段高压强硬，不管谈话内容对自己多么有利，我们也会断然拒绝，这是"人"的共性。而反过来说，就算谈话内容不是什么值得高兴的事情，还会多少给自己造成负担，可如果对方彬彬有礼地请求、诚意十足地拜托，我们就会轻易同意，这同样是"人"的共性。人类，实在是难以捉摸的生物。所以，我们有必要正确认识"人"的这种两面性，并在日常生活和工作中有效运用此点，做到进退合宜，这是至为重要的。

我曾经听过一个关于明治政府征收所得税的故事。它讲的是明治政府刚成立不久，需要征收所得税，在那之前，所谓的税金主要就是地租，并没有所得税这个税目。但是，明治政府在维持国家运营上所需的费用越来越多，不仅是地租，还得征收各种各样的税金才能维持下去。因此，决定向国民征收所得税。

大阪也成立了专门的官署来负责此事。而且，当时的做法是首先向那些富商们征收所得税。官署是怎么做的呢？他们是不是就把这件事向民间广而告之，通知富商们要交所得税了，然后逐个征收就可以了呢？他们不是这么做的。税务署在推进这件事的时候，并没有冷冰冰地只按照官署的行事风格，公事公办地走手续流程就算完事。那他们到底是怎么做的呢？

大阪有个地方叫宗右卫门町，曾经一度是有名的章台之地。那里规模最盛的茶屋是富田屋，这是首屈一指的游乐之地。税务署就在富田屋招待这些富商。

富商们受到邀请，自然很高兴，但谁知道这到底是不是鸿门宴呢？他们心里多少有些忐忑不安。再怎么说，当时的官署衙门，可是让人望而生畏的地方，它们高居民众之上，对国民拥有支配的权力。因此，那些富商们诚惶诚恐地依次在酒席上落座。而出面招待他们的，是一位地位极高的人，那就是税务署署长。没想到，这位大人物并没有在正前方壁龛处的主位就座，而是敬陪末座，这可真让人费解呀。这怎么看都不是普通的做法呀，到底是怎么一回事？迎着众人诧异的目光，那个人开口道：

"明治政府成立之后，国家致力于实施各种政策，推进各项事业的发展。而为了达成目标，需要投入高额的费用。因此，决定向在座各位征收新的税目，名为所得税。请诸位务必给予支持！"

他郑重地提出了请求。当然，对富商而言，这可不是什么让人高兴的话，又得交新的税金了，又得从口袋里掏钱了。不过，他说完后，接着就开宴了。席上摆满了美味的料理，对方好言相劝，"请不要拘礼，喝一杯吧。"一杯酒下肚，当然是开心的，不过心里还在惦记着：又得交税了。这时，美女们粉墨登场了，纤纤玉手斟满酒，温言软语频劝酒，一杯杯美酒下肚，大家渐渐卸下了包袱，开怀畅饮，在觥筹交错间，变得兴致高昂起来。

"好，这点儿税金，我们就爽快地交了吧！"最后，以这个态度完美收场。

听了这段话，我既感动又佩服。想着："过去的官署行事手段极其高明呀。"他们并没有仗势欺人，以权力强逼着对方服从，趾高气扬地说："现在要征收新的税目了，你们赶快交上来！"如果他们采用这种高压手段，可想而知，大家一定会群起反对，也别指望能够顺利征收税金了。不得不说，当时税务署的做法实在漂亮。

再说了，那个年代封建残余思想仍然根深蒂固，所谓的官尊民卑的社会思潮依然占据主导地位。因此，在那个时代，完全可以只发一纸通告，把富商统统都叫到衙门里去，下个命令就可以了。这种做法在那个时代完全行得通。可是，税务署并没有那么做，而是在最高级的茶屋里招待大家，由税务署署长亲自出面请求大家的支持，并让大家喝酒喝到尽兴而归。

这实在是极其高明的处事手段。本来想着对方是官老爷，应该会不分青红皂白地命令一通就了事。哪知并非如此，富商们反而受到了对方的郑重礼遇，不仅受到了殷勤款待，享受一流的宴席，而且坐在上座，被当成贵宾款待。这样一来，不管对方提什么要求，拒绝的话都很难说出口。这种做法实在是让人又爱又恨。也可以说，只有完全懂得人情世故的微妙之处，才能有如此高明的行事。

在我看来，如今，无论我们是政府官员，还是社会人士，都必须花费心思好好琢磨人情世故的种种微妙之处，这是至关重要的。诸君如何看？

懂得"人"的尊贵：经营靠的是人

不管是生产还是经商，说到底都是由"人"来完成的，是依靠人来实施的活动，生产和经商缺了"人"是无法想象的。更确切地说，我们必须以"人"为中心、以"人"为主体进行思考和行动，这一点至关重要。

有"人"才有经营。要想实现更好的经营，当务之急就是认真探讨"人"的理想状态究竟为何，这是最基本的。记得有一次，我在接受某家杂志记者采访时说了下面一番话。

"在任何方面都不应该采用过度竞争的手段。四百多年前，上杉谦信曾给敌将武田信玄送盐。这可不是过度竞争。虽然他们在战场上是生死相搏的对手，但是有着高洁的精神，并没有陷入过度竞争的泥淖里。"

"反观如今的日本又是何等模样呢？过度竞争大行其道，毫无规则可言。"

记者就问："那您觉得如今的日本人究竟遗忘了什么才导

致出现了这样的情况？"

我是这么回答的。

"在我看来，出现这种情况，正是因为大家遗忘了'人'的尊贵性，将'人'的真正使命抛诸脑后。换言之，我认为所有的问题都在于我们现在并没有对'人究竟是什么'这个命题进行充分的研究。"

"就人的使命这一点，请您谈谈自己的看法。"

"关于人的使命，大家会有各种各样的看法。不过最直截了当的说法就是人必须得成为主人公。每个人必须极其自觉地意识到自己是世间万物的主人公。在我看来，正是因为没有这样的自觉，才产生出层出不穷的问题。"

"听您这么说，我想起来现在有一种说法，说：'如今是所谓的信息化社会，计算机好像成了万能的主宰。'但再怎么说，计算机也只是一种被人使用的工具，人还是计算机的主人。遗憾的是，我感觉如今的社会似乎是人反而被计算机所支配了。"

"一个弄不好，很有可能就会出现这种情况。因此，为了避免这种情况的发生，我们有必要不断反省，自行体会人类是何等尊贵的存在。所有人都得牢记这一点。我们彼此必须明确：正因为生而为人，所以你和我都是无上尊贵的存在。"

"您说得没错，可当今社会更多的是与之完全相反的状况。大家为其他事情蝇营狗苟、躁动不安，真是世风日下呀。"

"如果只看见一种外在的状态，就断言人的本质即是如此，那是没有真正弄懂此点。如果我们彼此能意识到人是极其尊贵的存在，单是这一点就很了不起了。可惜，就连这一点都很难做到。如果身居高位的指导者能够明白这些，说不定会对后辈进行相关的指导。可指导者业已遗忘了此点，因此造成如今这种对人的尊贵性一无所知的局面。"

在我看来，懂得人的尊贵性确实是非常必要的。"企业即人"，这是口头禅了，而只有真正明白人的尊贵性，这句话才具有实质意义。如果根本没有真正意识到人是何等的尊贵，就算天天在嘴上叫嚷着"企业即人"，我认为这也不过是一句空话，并不能真正带来好的结果。

谁决定的：松下政经塾和不确定性

如今，不确定性和确定性成为大家纷纷议论的对象。可是所谓的不确定性究竟指的是什么呢？另外，为什么不确定性会成为焦点问题呢？难道就是因为我们所有人在很多情况下都希望事事尽在掌控之中？可对人类而言，想要实现此点又是何等的困难！

前段时间，《不确定的时代》的作者，美国哈佛大学教授加尔布雷思先生来拜访过我。在谈话中，他对我提出要创建松下政经塾这件事表现出强烈的兴趣。

为什么他会对此有兴趣呢？原来，哈佛大学也开设有非同于常规的大学课程，将各种特别的课程编排在一起，供人研修。这跟松下政经塾的做法颇有相似之处。

我提出等政经塾建成了，请加尔布雷思先生务必过来讲学。他说如果一年只需过来一次的话，他会很高兴担任讲师的。那时，加尔布雷思先生指出："这件事最重要的意义，就

在于把各种高素质的人集中在一起。而最为关键的地方，就在
于如何才能把这些犹如浑金璞玉、打磨后会发光的人聚集起
来。可惜，这一点是很难做到的。对此，我自己也有同样的体
会，深深为此苦恼不已。要是这一点能够顺利解决的话，可以
说事情也就成功了一大半。"

　　他提出，现如今是一个充满不确定性的时代。对此，我是
这么想的：当今社会的发展趋向的确无法预测，我们根本不清
楚在何时会以何种方式出现何种变化。因此，今天无法掌控未
来，未来一片漆黑。每个人都必须在这样的环境里从事自己的
工作，这就产生出所谓的不确定性问题。从这点来看，一切正
如他所言。

　　不过，对他的观点我无法全盘肯定。为什么呢？依据何
在？在我看来，最大的问题就在于究竟是谁在决定何为确定
性、何为不确定性。换言之，所谓的确定抑或不确定，这究竟
是自然现象，还是人为决定的呢？我认为这是关键所在。

　　在我看来，这基本上可以说全是由人决定的事项。某件事
是否确定都取决于人。我认为，所有这一切都是由我们人类随
心所欲而决定的。

"这么做，就会有这样的结果。"这种事并不是由神明决定的，也不是由特定的某个人决定的。只要我们每个人在心里描绘出前景，并付诸行动即可。如果这么做了，就一定会出现确定性。因为现实也确实会照那样发展。

松下电器在过去六十年的经营中，很多时候都是靠我脑海中时不时浮现的想法在发展，也可以说是我的灵机一动，就决定了发展方向。而大致而言，公司的业绩就跟我在心里勾勒出的蓝图一样，不断扩展。我认为今后依然会如此。

怎么会出现这种情况？为什么在自己脑海里考虑的事情，大都在现实中真切地实现了呢？对此，大家可能有不同的见解，可谓见仁见智。不过，最主要的原因，还是在于我们所做的各种努力。无论多好的想法，如果只是想了又想，而不付诸实际行动，那也什么都实现不了。为了让想法能够实现，我们当然得进行不懈努力，有数不清的事情等着去做，自然也会遇到难题。我们必须以顽强的毅力，一件接一件地解决问题。就这样，在解决所有问题之前，在残余工作尚未完成之前，我们必须持之以恒地不断努力。

当然，要做到这些，可不是随便努力一下就可以的。我们必须鼓足勇气，勇往直前地从事工作，而不能抱着颓丧的心情半途打退堂鼓。只有这样，以不懈的恒心和毅力，夜以继日地坚持努力，就会"有志者事竟成"。事情就真的会按照自己的想法实现。而是否能够专心致志地不懈努力，这完全是每个人自身的问题。从这点来看，事情的确定性和不确定性也全都是由我们人类决定的。

虽然这么说，但松下政经塾是否真能让天资卓越的人济济一堂，再进一步而言，是否真能培育出合适的人才，从而支撑日本在 21 世纪的发展？坦白而言，我也不清楚，这完全充满着不确定性。不过，我觉得最有必要的，就是要进行不懈的努力，让它变成确切的现实。以长远目光来看，这种努力必定会带来切实的成果。而为了 21 世纪日本的美好明天，我满怀期待，希望事情真能够如此发展。

采纳下属的提案：姑且让他练一练手

"下属比自己经验少，看问题的视野狭窄，而且知识不够丰富，见识也不高明。因此，不管从哪个方面考虑，自己都比下属出色得多。因此在需要对事情做出判断时必须是自己来下决定。这才是最合适的、出错概率最小的最佳路线。"

有些上司抱着这种想法和态度去工作也是理所当然的事情。在很多场合，这种想法也的确适用。从现实来看，这种想法应该也没错。那些身为部长或课长①的人，日复一日尽心尽力地努力工作，他们对自己所在的部门和科室的发展负有全部责任。因此，他们拥有强烈的信念，坚信作为上司的自己的想法是正确的。这不仅是极为重要的事情，而且也是值得佩服的事情。

不过，问题就在于上司如果固执己见，不愿礼贤下士，那

①　课长即一课之长，是部门主管的意思。日资企业中一般具有一个独立行使和管理的科室或部门称为"课"。

就坏事了。上司的想法一定不能僵化，一定不能被成见所束缚。

坚信自己的想法和方针万无一失，这本身是好事。可是，有时下属说不定会提出相反的意见和提案。遇到这种情形该如何处理？是吹毛求疵，对下属的意见和提案鸡蛋里挑骨头，极尽否定挖苦之能事，最后把它们往废纸堆里一丢就了事？上司自然有权力如此行事，虽然可以这么做，但这么做对大家又有什么好处呢？

在我看来，最好的处理方法，还是上司对下属的意见和提案采用认真对待的态度，进行充分的调查和研究，对其中的闪光点立即照单全收。上司必须得有这种气度，对好点子要来者不拒、广泛采纳才行。

如果不这么做，只是讽刺挖苦，把提案贬得一文不值。到最后，那个部门或科室的工作也只能停留在部长和课长的一己之见的层次。不管下属里有多少出色的人才，也只能局限于部长和科长的一己之见。这么下去的话，工作不会有更好的起色，而且下属也很难成长为更优秀的人才。

有鉴于此，如果上司有意培养更出色的人才，让下属充分发挥所长，更好地开展工作，就有必要以谦恭的姿态平心静气地侧耳聆听下属的意见，留心那些不错的点子，想着："没错，还能这样考虑。"

从现实出发，下属人数众多，在某些事情上，说不定真会有人比部长或课长有着更精妙的看法和想法。如果不能有效活用这点，就会造成不良后果。因此，上司必须建立起奖励机制，让下属可以广泛发表意见，踊跃提出建议。只有这么做，下属提出的好点子才能被合理采纳，部门和科室才能取得更好的成果，而且下属也会成长为更优秀的人才。

可是，我们人类是很难理喻的生物。就算接受了下属那些更好的提案，有些上司会觉得我二话不说就采纳了下属的提议，我作为上司的尊严将会被置于何地！他会认为如果依照下属的提案来开展工作，自我就会失去存在的意义。不过，我觉得完全没有必要如此杞人忧天。就算真的是根据下属的提案开展工作，最后拍板定案，让他能够付诸实施的还是自己。好点子固然重要，但"千里马常有，而伯乐不常有"。能够采纳这些提案并让他们在现实中结出累累硕果，这更为难得。如果事情最后进展顺利，成效斐然。那不管是下属还是自己，都可谓是"英雄有用武之处"。此外，也可以这样认为：恰是这些地方，才是部长和课长的真正职责之所在。

因此，上司首先需要做的，就是采用和善的态度，营造出下属能够畅所欲言的氛围。其次，如果收到了下属的提案，就算提案本身没有多少值得称道之处，只要不犯大错，上司就应该下达这样的指示："那你就按照自己的想法去试试看吧"。

如果上司贯彻这种原则：只采用那种绝对不会出错的提案，心里犯嘀咕的一概置之不理。久而久之，下属就会寒心，他们的提案就会越来越少，也提不起兴致动脑筋、搞创意。渐渐地就会习惯成自然，下属全都变成僵化不开窍的人。这哪里还能算是在培育更优秀的人才，这是在埋没人才！

因此，我的观点就是：遇到这种无可无不可的情况，上司应该对下属的提案，态度鲜明地表示支持。这点极其重要。"没问题，你去试试吧。虽然我也不太懂这个，不过你都说到这分上了，就照你说的试着做一次吧。"

我回想了一下自己是如何应对这种情况的。毋庸讳言，在必须反对的时候，我自然会旗帜鲜明地表示反对。不过，遇到无法清楚做出判断的场合，在搞不清楚到底是好是坏的时候，我基本上都是持赞成态度的。我的说法就是："这种事不去做的话，是不知道结果的。那你就去做做看吧。"正因如此，松下电器的每个人都以热情饱满、无拘无束的姿态投身于工作之中。

社会如此之大，自然会有一些企业汇聚着众多优秀的人才。不过，这样的企业是否就能取得卓越的发展呢？事情也未必尽然。究其原因，自然是多种多样的。但我觉得有一点就在于下属只会唯唯诺诺，死板地按命令行事。如果员工都是这个样子的话，就算企业有再多优秀的人才，也很难出色地完成工作。

终归一句话，上司必须让人才在自由宽松的环境里工作，必须让下属可以自由地发表意见，提出建议。这么做，工作才会有更好的发展，也能带来喜人成果，还能培育出更优秀的人才。

百分之六十的可能性就够了：适任者的挑选方法

我一贯采用的处事态度就是，尽可能不把事情复杂化。换言之，我会尽量用最直截了当的方式待人接物。

例如，当我跟别人做生意的时候，不会跟人耍花腔，搞讨价还价那一套。也就是说，东西值十块的就说十，值五块的就说五，总是向对方据实以告，而不搞那套先抬价再让价的做法，不会把五块钱的东西先抬高价格，说值六块，之后再让价，最后以五块钱的价格成交。

当然，我也知道，如果从做生意的技巧和诀窍来说，有些人会觉得先把五块钱的商品报价为六块，之后经过一番讨价还价，以五块钱的价格成交的方式能更快达成交易。不过在我看来，这种做法是把简单问题复杂化，因而，就我个人而言，我从一开始就对对方坦诚以告，值五块的商品就直接给出五块的底价。总而言之，我的宗旨就是，在做生意的时候，把自己最真实的一面呈现在对方面前。

在某些场合，这种单刀直入的方法会取得良好的效果，而有些时候也会适得其反，没能顺利做成生意。不过，真正论起来的话，终究还是顺利成交的次数更多。就我的经验而言，成功的情况占百分之六十，失败的情况为百分之四十。这种做法的成功率达到了百分之六十，已经很不错了。因此，我觉得完全可以采用这种行事方式，这也正是我的处事原则。

有人会觉得只有百分之六十的成功率是远远不够的，必须得让成功率达到百分之八九十才行。而像这样求全责备，就会引起各种问题。比起胜负为五五之数，百分之六十的成功率略胜一筹，这已经是可喜的结果了。如果再奢求更高的成功率就是强人所难了，我一直都持这样的观点。

不管是在经营公司业务方面，还是在给公司职员委任工作方面，我也一直贯彻这样的方针。

举例而言，作为领导者，我始终面临这样的问题。那就是该给身边的员工指派什么样的工作。这个人能否胜任这一工作，事关重大，需要经营者做出确切的判断。可实际上在很多场合，经营者也是一头雾水。当然，我们可以通过交谈，以及观察对方的长相举止，或者是通过诸如能力测试等各种方式，在某种程度上对对方有一定的了解，但最本质的地方是很难真正把握的。

那该怎么办才好呢？我的方针就是如果我觉得这个人有百分之六十的可能性能够胜任工作的话，我就会拍板决定他就是合适人选。而实际上，这种做法在很多场合都取得了可喜的成果。

话说回来，如果一心想找胜任度达到百分之八十的人，并从各个方面来精心挑选那些合适人选的话，我觉得也是可以挑选到中意人才的。再说，要是真能挑选到这样的人，那当然是再好不过了。可是，为了达到这一目的，需要投入太多的时间和精力。而这从某种意义上来说，也是极大的浪费。

因此，我与别人在大体上聊过之后，觉得这个人有六十分的实力，就会说："你来做这件事吧，由你负责的话，一定会干得很漂亮。"这种做法也大都取得了良好的效果，甚至有些人能够百分之百地圆满完成任务。毋庸讳言，并不是所有的事情都是顺风顺水的，也有些人最后以失败收场。我自己算了一下，多数情况是这样的：如果有六个人被指派工作，其中会有三个人做得相当漂亮，两个人算是无得无失，剩下一个人则有时会面临失败的结局。

对这些经历了失败的人，我会说："你没做好，别灰心，我也一起帮忙吧。"并逐一指出问题点，对他加以支持。有时候这么做会顺利完成工作，可有些时候，就算这么做了，事情还是无法顺利完成。如果工作遇到了阻碍，就需要继续深入检讨，查找失败的原因。我一直都是这么做的。这么一来，虽然达不到尽善尽美，但基本上一直都能取得七十分的成果。在我看来，这也正是今天松下电器能够发展壮大的一个重要因素。

我们人类不可能毫无缺点。因此，在用人的时候，必须先了解每个人最真实的一面，在此基础上再考虑什么是最好的做法。我觉得这种做法虽然没什么高深的地方，但也蕴含着一个极其重要的方面。

第四章

自省之道

统帅该如何自处：不该跟人对着打擂台

每个人都有怒不可遏的时候，有时候火气上来了，就会不管不顾地发火……可是，大家稍微理性思考一下就会明白，如果自己陷入勃然大怒的境地，一般不会有什么好结果。每个人都很清楚这么做没有任何好处，可是真到了那个时候，再怎么清楚不该那么做，最后仍无济于事。

就拿我自己来说，也有过这样的经历。那是很久以前的事情了，有件商品陷入了非常激烈的竞争。我平素一直坚守的原则是：正当的竞争是应该鼓励的，而那些单纯打价格战的恶性竞争应当坚决避免。

可是，虽说我一直努力贯彻这个原则，但我毕竟也是肉体凡胎。当竞争到了白热化的地步时，我也不能稳坐钓鱼台了。对手们一个接一个地降价，以期取得竞争优势。松下电器要是不便宜的话，就无法跟人抗争了。该怎么办呢？真是让人越想越生气。最后自己也毅然决然地决定："行，既然都这样了，我们干脆也降价，跟他们拼到底吧。"下了这样的决心之后，第二天一大早，我就去了公司。

当时，公司供养着一位名为加藤大观的和尚。他每天为了我的健康长寿和公司的繁荣昌盛而祈福，总是待在公司。所以，那天早上我就把自己的决定告诉了他。

"大师，我已经下定决心了。这次我真是被逼出了火，打算跟他们拼到底了。"

加藤师傅听我说完，静静地注视着我，说了下面这番话：

"是吗？这可真是了不起的壮举呀。如果您已经下定了决心，那就这么办吧。不过，您担负着几百名员工的'身家性命'，您现在出于一时的激愤，打算不计利害得失地放手去干，可能会觉得心情舒畅，就算这么做会造成再人的损失也顾不上了。"

"可是，您可曾想过，这一举动所造成的经营困难会波及将全副身家性命交付予您的几百名员工。这是统帅该干的事吗？您怎么看？只有那些只懂得逞匹夫之勇的小卒才会这么干，身为统帅可不能因为这么一点儿小事就乱了阵脚。"

"就算其他商家主动挑起价格战，如果您觉得自己的所作所为才是正确的，就完全不需要杞人忧天。对手用低廉的价格招揽客人，可能会在短时间内吸引一些客人。但来者熙熙，去者攘攘，这才是世间常态。"

"因此，虽说有些客户会相中对方的低廉价格而跟他做生意，但也还是会有些老客户愿意一如既往地信赖您，并不会被一时的廉价倾销手段而魅惑。因此，完全没必要担心。"

"所以，我劝您不要为了跟对方打擂台，也跟着采用廉价甩卖的手段。话虽如此，如果您被自己的感情所驱动，无法克制一时的愤怒之情，那就照着自己的想法行事吧。不过，我还是那句话，这可不是统帅的行事方法。"

听他这么说，我陷入了沉思。最开始，我的想法是不管他怎么说，我都要跟对方拼到底。现在，我的想法改变了。"别急，再想想吧。"对方是把我给惹火了，不过，加藤师傅说的也在理。我毕竟身为统帅，统帅可不能出于一时疏忽，在怒不可遏的状态下处理事情。因此，我做了个深呼吸，努力平复激动的情绪，控制住发火的冲动。

"我听您的，不那么干了。要是只有我一个人的话，两三天不吃饭也没什么。可我还得考虑大家的吃饭问题。没错，正如您所说的那样，这不是统帅该做的事。虽然我还是很生气，但我还是忍了吧。"

就这样，我硬生生地忍了下来。而结果，也恰如加藤师傅所说的那样。不是没有生意伙伴跟松下电器断绝业务往来，不过，多数生意伙伴反而变得更为信赖松下电器。而且最难能可贵的是，销售额取得了前所未有的好成绩。

时时警戒自我：奉行不悖的七种精神

我们人啊，不管做什么事，都想走捷径省事。某件事其实这么做比较好，或者是必须那么做才行。就算在头脑里清楚地知道这些，但真要到了放手去做的时候，却很难将脑海中的完美想法付诸实践。这真的很考验人。

我觉得其原因就在于觉得自己太可爱了，不由自主地就对自己娇惯起来了，在无关痛痒的地方就会敷衍塞责。从大家的本性来说，这也无可厚非。

但即便如此，如果我们对这种散漫的作风放纵不管，它就会一点点地变本加厉，成为改不掉的不良作风，其结果很有可能是让自己吃大苦头，或者是陷入困境无法自拔。有鉴于此，我认为极有必要对自己严格要求，时时警戒自身。

松下电器在 1933 年 7 月，制定并公布了"奉行不悖的五大精神"，其内容如下：

1. 产业报国的精神；

2. 光明正大的精神；

3. 团结一致的精神；

4. 奋发向上的精神；

5. 克尽礼节的精神。

（之后，在 1937 年，又加上"顺应时势"和"感恩图报"这两大精神，变成七大精神，同时将"克尽礼节的精神"改成"循礼谦让的精神"。）

为什么要制定并公布这几大精神呢？就算不制定这些，工作还是会顺利进行，不会出什么问题的。而在前一年（即 1932年）的 5 月，已经举行了第一次创业纪念庆典，全体员工都非常清楚松下电器的使命之所在。而且，大家在这一使命的驱动下，奋发图强，全力推动工作的开展，这都是我亲眼目睹的事实。因此，即使不特意制定这几大精神，松下电器也会迈着坚定的步伐，持续走在发展壮大的道路上。

可是，问题就在于，这种高歌迈进的势头果真会一直持续下去吗？我们人类一方面很容易激情澎湃，另一方面也极易变得兴味索然。不管当初是如何的海誓山盟，也抵不过岁月的侵蚀，当初坚守的誓言渐渐弱化，最终成为空话。更不用说，我们人类的本性就是喜欢骄纵自己。

正因为要克服这些弱点，古时候有个中国人，为了铭记自己的初心，采用了种种手段来磨砺自己。他在坚硬的柴堆上睡觉，还舔舐苦涩的熊胆。这一切肉体的磨炼，都是为了激励自己的精神。如果没有这种努力，再坚定的决心，也会在斗转星移中逐渐消磨，这是人之常态。松下电器也是如此。就算全体员工业已意识到自己所肩负的重大使命，但也未必能在将来永久地坚持下去。而松下电器也不可能永远维持现今这种迅猛发展的势头，大踏步地持续发展。

如果放任自流，在不久的将来，那种发现使命时的喜悦和激动之情就会逐渐淡化。大家渐渐习惯安逸简单、一成不变的生活，我们便极有可能会变成不求上进，只求无功无过地完成工作的人。再说，我现在说的并不单是别人的事情，也包括我自己。就算我自己发现了伟大的使命之所在，也无法保证自己能时刻牢记这一使命并为之奋斗不息。我本身也是肉体凡胎，其实也是靠不住的，说不定过不了多久，我就会把所谓的使命抛诸脑后了。可是，又绝对不能这么做。

正是考虑到这些，为了让当时松下电器那种高涨的热情持续下去，也为了鞭策自身，让自己时刻在脑海里紧绷一根弦，我就制定并公布了"奉行不悖的五大精神"，在每天的晨会上朗读，全体员工齐声唱和。

自不待言，制定这些是为了警示员工，希望他们能够以更饱满的热情投入工作。与此同时，这也是为了让大家时刻鞭策自己，让自己牢记为了完成松下电器的使命，不能草率从事，也不能敷衍了事，更不能无所事事。正因为什么都不做，就会逐渐被人们遗忘，所以才需要在每天的晨会上齐声诵读。这样，在新的一天开始工作之际，大家就会细细吟味其中的含义。认真说起来，这其实是对我自己的训诲和劝诫。正因为自己动不动就会疏忽行事、敷衍马虎，所以得日复一日地反复提醒自己。

我们人类，其实大多数时候是靠不住的，不管当初是如何地发下重誓，随着时光变迁，都会逐渐失去本心。因此，为了避免出现这种情况，必须时刻不忘训诲自身，必须说服自己、警戒自己。松下电器倡导奉行的七大精神，不仅是为了松下电器能够保持自身特色、持续发展，也是为了每个员工的自身发展，因此才要求全体员工在每天晨会时齐声朗读。

指导者的姿态：培育人才时最重要的事情

为了更好地培育人才，必须对下属进行恰当的指导教育，其中最要紧的一件事，就是站在指导者立场的那些人必须自觉地正确意识到身为指导者的责任。虽说这是理所当然的事情，但在现实中有不少的事例都说明，很多人其实还存在着相当多的不足。

比如说，最近日本在青少年教育问题上，父母和老师这些成年人，有没有做好自己该做的事呢？有没有说该说的话、教该教的事、指导该指导的地方呢？当然，有些人是做到了这些的。但另一方面，舆论普遍认为在正确培养青少年成长的课题上，有相当一部分人最初就没有信心。他们想着反正我说了你也不听，说了也是白费功夫。出于这样的想法，虽然他们身处指导者的立场，但却放弃了指导权。长此以往，对青少年的指导也会变得越发困难。

此外，如果得不到有效的指导，连青少年自己都会觉得索然无味。大人像唐僧一样絮絮叨叨的话，让人吃不消；但若对于任何事情大人都缄口不言的话，孩子们更是无所适从。再怎么说，他们在各个方面都希望能得到长辈和前辈的指导教诲，因为自己不懂的事情实在是太多了。

可惜的是，因为长辈和前辈们觉得说了也没用，就什么都不会教给你，也不会提醒你别犯错，更不会大声训斥你。当然，哪个青少年也不会乐意被人训斥的。不过，身处当时的场合，他们会因为丢面子而生出厌恶之情，但如果批评本身直中要害的话，过后他们也会明白它的好处并生出感激之情。因此，他们希望得到更多的批评指导，这样自己才能更好地进步。

遗憾的是，长辈和前辈们都是一副漠不关心的面孔，以尊重青少年自主发展为由，基本上不进行什么指导和教育。青少年自然对此是极其不满的，久而久之，对大人们也会充满失望。

为什么这些成年人不对青少年进行批评教育呢？一个原因可能在于这些人虽然是成年人，但在待人接物方面并没有养成高明的眼界。他们不能明确地知道，这件事应该这么做，或者做这种事是正确的。因此，在面对青少年时，他们并不知道什么才是该说的，也不能对其进行正确的指导。

不过，在我看来，更值得探讨的事情还是那些人是否能正确地意识到自己是站在对青少年进行指导的立场上的，以及他们是否致力于采取这一立场该有的态度，亦即身为指导者的自觉以及责任感。如果不具备这些，指导者就不能再被称为指导者，只能算是普通的旁观者罢了。

要是哪些团体或者商店及会社拥有这样的指导者，那可真是天大的不幸。要是社长处在这个高位，而不能自觉意识到身为众人的指导者所需肩负的责任，并采取相应的行动，可想而知，经营只会一步步陷入困境。总而言之，社长必须具备强烈的责任感，还需要不时地进行号召，向大家呼吁："各位同事，咱们这么做吧；请务必这么做；我觉得这是最好的，诸位以为呢？"像这样的号召和呼吁是至关重要的。听到这样的号召，社员们就会明白该考虑哪些问题，该怎么做才是对的。这样一来，众人的智慧和能力才有发挥的空间。而这些又可以催生出那些蕴含着勃勃生机的活动，从而带来理想的成果。总而言之，号召和呼吁应当成为一切的起点。

如果没有这种起点，所有人都是得过且过地混日子，大家只会变得越来越糟。这样的话，就等同于完全没有人在搞经营，而社长也是形同虚设。

　　关于此点，我认为那些站在经营者和指导者立场的人，有必要重新认真地审视自我，这是至关重要的事情。

说服自己：坚信自己"运势强"

"说服"并不只针对别人，在某些情况下，也需要对自己进行说服。有时候需要从心底激励自己，让自己鼓起勇气。而有时候却是"小不忍则乱大谋"，需要按捺住自己内心的激荡之情，咬牙忍耐。面对不同的场合，自己需要全盘思考，不断进行自问自答，最后找出合适的方法。

我在人生岁月中进行过无数次的自我说服。即便是现在，我依然认为最重要的一点就是反复给自己强调，自己是幸运的。实际上谁也不知道是否如此，但是，我自认为是幸运的。而且也一直这样说服自己，让自己坚信这一点。在我看来，这是极其重要的。

如果从客观角度来看，纵观我在人生道路上遭遇的种种事态，绝不能算是幸运的。比方说，我因为家庭原因连小学都没能好好儿读完，中途就退学去当了小学徒。当小学徒的时候，每天从早到晚不是擦洗打扫就是看孩子，店里有忙不完的琐事都得我去干。在像我一般大的孩子还在无忧无虑地享受学校生活的时候，我就过上了这样艰辛的生活。

这个样子绝不能算是受到上天的眷顾，也不能算是幸运。而应该反过来说，真是被命运抛弃的小可怜儿。

但是，我一直认为自己的运势极强。为什么会这么说？那自然是有缘由的，契机得从我 15 岁的时候谈起。那时我辞去了学徒的工作有一段时间，在水泥公司工作。当时，工作现场是位于大阪筑港出岛的工厂，每天需要坐船往返。有一天，我不小心掉到海里去了。在惊慌失措之下，我手忙脚乱地扑腾个不停，等浮上水面的时候，渡轮已经驶出很远了。如果渡轮就这样渐行渐远，那我就真是叫天天不应，叫地地不灵了，只会成为葬身于大阪湾的一抹亡魂罢了。幸好天无绝人之路，渡轮转了一个大弯，返了回来，把在海里扑腾的我搭救上船。更幸运的是，当时恰逢盛夏，如果是寒冬的话，说不定我早就冻僵了。

就像上述所说，我在命悬一线的时候得到了援救，重获新生。我自然是高兴感激，也由此觉得自己真是吉人天相，运势的确强。

此外，我自己开始创业之后，曾经有一次骑自行车时撞上了汽车。我一下子就被撞飞到了半空中，也真是祸不单行，在我快要落地的时候，前面有一辆电车直直向我驶来。彼时周围的人都不由地闭上了眼睛，实在不敢看接下来的惨状。然而幸运的是，电车来了个急刹车，堪堪停在了距我的身体只有一米的地方。更神奇的是我虽然撞上汽车被抛上了半空却丝毫没有受伤，连轻微的擦伤也没有。这只能说是老天保佑，自己真是幸运。遭殃的只有那辆自行车，变成了一堆破铜烂铁。周围的人目睹了全部经过，纷纷议论："这人真是运气好呀，遭了那么大的罪，却连一点儿伤都没有。"自不用说，我自己也由衷地感到，自己真的是运势超强。

我遭遇的除了不测的事故，还有疾病。我 20 岁时在大阪电灯公司工作，那时患上了肺尖炎，这病被认为是肺结核的初期病症。当时医疗条件不发达，患了结核的人，十个人里面有八个人都是救不回来了。所以当时来看，患上了结核病基本上就等于没治了。我的两个哥哥都是得的肺病，早已撒手人寰。因此，我就像被下了死亡宣判书是一样的。

但是，我当时的境遇不好，根本做不到得了病就放下一切，安心疗养。因此，也只能破罐子破摔，想着听天由命，"死就死吧"，抱着这样的心情继续工作，不时地请几天假。就这样断断续续地坚持工作，居然出现了奇迹，病情并没有继续恶化，我活了下来。从这件事来看，说自己幸运也的确是所言非虚。那时的我随时都可能断气，而自己却挺了过来；别人都觉得我死定了，而我偏偏就没死。我更加坚定了信心，自己就是运势强。

这些事情也可以从相反的角度来看。也就是说，不管是我掉到海里被救起，或是撞到车子没受伤，还是得了重病也没死，如果认为这是坏事，也的确算不上什么好事。掉到海里只能说运气差，撞到车子也是运气差，得了重病当然还是运气差。像我这样的人，运气可谓差到极点了。其实这种截然相反的看法，也是说得通的。芸芸众生中持有这种消极看法的人绝不在少数。

但是，我自己是绝不会采纳这种消极看法的，自己就是运势强。我觉得自己实在是运气太好了，所以即便是被置于必死的境地，也会逢凶化吉，我一直都是如此说服自己的。因此，虽然我在很小的时候就去当小学徒了，但这也让自己有更多的机会了解世间百态，学到很多生意经。而这些在我开始自己做生意的时候起了很大的帮助作用。如果从这点来看的话，也可以说自己运势强，而且我自己是一直这么坚信着的。正是有着这样坚定的信心，所以自己内心也得到了强有力的支撑。

不管是工作还是别的，当遇到困难或难题时，我就会产生强烈的念头，坚信自己运势很强，这些难题最终便都会顺利化解。非但如此，所有的事情还会更上一层楼，越来越好，我一直都有这样坚定的信念和自信。也正是得益于此，当我遭遇种种困难之时并没有惊慌失措、六神无主，也没有失去勇气、意志消沉，就这样一步步走到了今天。

谋求内心的转变：积极的想法可以打败高烧

有句话说"病从心上起"，我们平素内心的想法和精神状态会影响到身体状态，与健康息息相关。遗憾的是，在日常生活中，我们究竟会不会把此点放在心上，又能真正给予多少关注呢？

我曾有过这样的经历。有一家公司拜托我做演讲，那段时间我嗓子不太好，而且身体一直欠佳，不知道什么时候就会生病。因此，基本上不会接受这样的邀请。而对方实在是人情难却，我才不得已接受了请求。

可是，离预定的演讲时间还有两天的时候，晚上我突然发烧了。量了一下体温，有三十七度二，这可真难办呀。自己马上进了卧室，打算静养休息。躺在床上，我真诚地恳请上天保佑，一定要让自己在今晚退烧。可天不遂人愿，热度还是没有下去。

热度不仅没下去，而且烧得更严重了。到了晚上九点左右，烧到了三十八度。说不定体温还会上升，真头疼呀。不过我也想着，再休息一天应该就能好了。

要是以前的话，事情也就这样了，仅此而已。但那天晚上，我却有了不同以往的新想法。我认真分析了自己发烧的原因。我想一定是有原因的，究竟是感冒了呢，还是身体哪里有不适的地方。

不管怎样，这是我自己的身体，是我本身导致了发烧。我自己才是原因之所在。我突然想到，如果真是那样的话，我自己能不能把自己治好呢？我以前从未有过这样的想法，连自己也不知道为什么会突发奇想。

关键就在于在我自己身上蕴藏着发烧的原因。既然如此，我开始回顾和审视自身。自己最近是什么样的状况？有着什么样的倾向？一旦对这些事情进行思考，就发现最近不顺心的事情实在太多了。"某某根本搞不懂我在说什么""某某总是做那些不妥当的事情"，像这样内心堆积了很多不满情绪，而我才注意到这些。

所以，真说不定正是这些内心的不满情绪导致了发烧。如果真如自己所推测的那样，那自己就必须改变想法。如果想法改变了，或许热度就会降下去。这样一想，我就把自己担心的问题点一个个拎出来，逐个检讨，认真思索，看能不能改变想法，不再因为这些而产生不满的情绪。

比如说，有个人做了这样的事情，本来我非常生气，觉得他真是太混账了。不过，我把这件事重新考虑一番，就会觉得他这么做也说不定会带来好处。真是这样的话，自己非但不用发怒，还得感谢他才行。就这样，我试着改变自己的想法。换句话说，以前我用自己的标准去衡量对方的做法，并因此而怒不可遏。而现在，我也试着从对方的立场出发，用对方的标准重新看问题。我这么做，其结果就是自己的想法也改变了，雷霆之怒变成了感激之情。

这时发生了不可思议的事情。过了一会儿，我觉得没那么难受了，病情好转了一些。又量了一下体温，居然下降了半度。我自是吃了一惊，同时，也深切地意识到，果然还是因为自身原因才会发烧。因此，今后一定要做到不发怒，消除不满情绪，而且无论发生任何事情，都怀着感激的心情来应对。我深刻地体会到必须得贯彻这些想法。

心里抱定了这样的念头，就发生了更匪夷所思的事情。过了一个小时，我的体温下降到了正常值。这听起来像是天方夜谭，可这的确是我自己的亲身经历，这也是我在人生中首次经历这样的事情，连自己都觉得不可思议。

归根结底，自己身体的高温是由自己本身造成的。因此，靠自己的精神状态来消除高烧也的确是有可能的，我其实就是做了一个这样的实验。而通过这件事，我不由地想到，如果真的可以经由身体状态来消除高热的话，今后当我们再患上感冒等疾病的时候，说不定也可以通过转变自己的心态来治病。

将自家店铺的精神作为卖点：与廉价售卖同类商品的其他商家竞争

在这个社会上，有为数众多的店铺在售卖着同样的商品，有时甚至在自家店铺的旁边，也会有人开设新的店铺售卖完全相同的商品。单就这一点，足以让人骨鲠在喉，更别说如果那家新开的店将同样的商品以低于自己店铺的价格来售卖了。自家店铺除了同样降价销售外，别无出路。

这样往往就会陷入打价格战的境地。可惜的是，双方进行价格战，便不能获得正当的利润，店铺的经营也就难以维持下去。最差的结果就是两败俱伤，关门大吉。所以，恶性竞争是个极其严重的问题。

这不仅是个严重的问题，更棘手的是，它是个屡见不鲜的大问题。我也经常从松下电器的销售商那里听到类似的抱怨。毕竟有数不清的商家都在售卖松下电器的产品。就算只有几百平方米的同一个町镇，也会有多家同行。因此，有一天，某家店铺的老板就对我说：

"松下先生，其他店铺都卖一万日元，如果只有我们店卖得比他们还要贵的话，怎么也卖不动呀。因此，也只能被那些廉价销售的店铺牵着鼻子走，我们店也只能降价销售了。而这样，就会损害我们的正当利益，真是进退维谷。您不能想想法子吗？"

他让我想想办法，殊不知我也是一筹莫展。但是，这个问题在销售上可谓附骨之疽，是个棘手的大难题。大家必须重视此问题，认真思考才行。因此，这家店铺的担心和烦恼是完全有道理的，绝不能置之不理。我们必须得想出一个解决办法才行。

"您的苦恼的确值得重视，我完全明白您的难处。不过我想问的是，您参考其他商家的标签来定下自己店铺的价格，这种做法真的可取吗？您的店铺一定有自己的长处，比如说独特的服务。难道不应该结合那些长处做出综合的价值判断，再以此决定价格吗？"

"松下先生，诚如您所说的那样，我也是同样的看法。可惜的是，我再怎么改善服务水平，也还是扛不住对方打价格战呀。自己真是吃不消了，完全没辙了。"

那位老板如是说。他说话时脸上的表情表明了他认为价格就是一切，除此之外不作他想。我随之陷入了沉思。他口中不停地喊着价格，完全为价格所束缚。而且，所谓的价格，在他的脑海里盘踞的只有商品。在他眼中，只有商品的价格才可谓价格。可事实果真如此吗？我们在咖啡店喝的咖啡，如果只算咖啡本身价格的话，根本没那么贵。可事实上咖啡店里卖的价格要比咖啡本身的价格贵上一截，而客人们还是很乐意为此买单。因此，店铺制定的价格，除了商品本身，不是也得包含各种各样的附加价格吗？出于这样的考虑，我对他说：

"我想问问，难道在您的店铺，商家的精神不值分文吗？要是我的话，如果同一件商品在其他店铺以一万日元的价格出售，在我的店里就会卖到一万零五百日元。客人来了也会问'为什么卖得比别人家贵？'我说'商品的确跟别人家一模一样。不过，我们店在这件商品上附加有其他东西。'客人问'到底是什么东西呀？'我就会告诉他们'这里面含着我们全体员工的精神'。也就是说，我觉得您在制定价格的时候，可以把您店铺的精神考虑进去。"

店老板"哦"了一声就陷入了沉思。看他的样子，一定在心里做了几番思量。最后他似乎是想通了，重重颔首，笑容满面地对我说：

"您说得太对了，松下先生。原来是这么一回事呀，的确是得往那上面考虑呀。我懂您的意思了。我把全部心思都花在商品本身的价格上了，眼睛也只盯在那上头，所以才会陷入价格战。不过，要是把店铺的精神也加进去的话，我们店的精神和理念也很了不起的，绝不会比其他店铺逊色。"

"诚如您所说的那样，店铺精神绝非一文不值，还是得综合考虑我们店铺的精神，也可以把这理解为广泛意义上的服务。这些也的确需要附加在商品价格里，把这些加上之后，才是我们店铺的商品价格。所以，自己店铺的商品价格还得依据自己的店铺来决定。虽说稍微贵一点儿，不过之所以贵就是因为里面包含着我们店铺的精神。正是因为将店铺精神也计算在价格里了，所以一旦出现什么问题，我们就会承担起责任，提供相应的服务。说起来，也就是把我们店的信誉费包含在内了。"

　　店老板脸上的神情表明他是从内心深处认可了我的说法，他满怀欣喜地告辞了。当我对他说店铺精神究竟值多少钱的时候，其实是带着半开玩笑的性质的，不过，对方却对此表示完全理解。并且自那之后，那家店铺更是下大力气推进生意的发展，顾客满意度节节攀升，店铺也是买卖兴隆，生意越来越红火。

遵从自己的命运：无须忧心介怀，泰然应对即可

不管我们是谁，都曾幻想过自己想成为的样子，并且，为了实现这些愿望，有很多人付出了各种努力。有些时候，通过这些努力，自己的愿望得以实现；不过，反过来讲，有些时候就算自己再如何渴望成为完美的人，也为之付出了不懈努力，可依旧是无济于事。究其原因，应该归结于每个人都有自己的独特之处吧。

就拿我自己来说，我的睡眠质量很差，晚上上了床很难入睡。并不是后来才这样的，我从年轻时起一直都有这个毛病。

我满 23 周岁那年，自己开始创业，就算那个时候白天再忙再累，一天也只睡三个半小时。更准确地说，是只能睡这么久。自己就是那种难以入眠的体质，有些神经质，而且又是多病羸弱之身。自己再怎么想睡觉，一闭上眼，脑海中就会浮现出种种事情，怎么都睡不着。生意上的问题总是层出不穷，没有哪个不需要费脑子。所以，就算躺在床上也很难入睡。好不容易睡着了，才睡三个半小时就又睁眼了。只能睡这么久，就再也睡不着了，根本没办法。

60 年来，我一直都是这个样子。虽说一直都是老样子，但发生第二次世界大战的战前和战后还是有些不一样的。战前的话，我不需要喝什么东西也能睡着，可战后我一直是靠吃安眠药来入睡的。吃了安眠药，便能睡三四个小时。如果不吃的话，压根儿就睡不着。

为什么会这个样子？我分析了一下。一个原因就是战败后，我们面临深刻的困难局面。究竟该怎么做才能走出困境呢？我一直都是以紧绷的心情来思考这些的，大脑始终处于高度运转的状态。自己原本就是难以入眠的类型，这样一来，更是睡不着了，怎么都睡不着。就算把自己蒙在被子里，也是一夜无眠。再怎么闭上眼睛一动不动，也还是睡不着。

在无计可施的情况下，也只能借助药物的力量来入睡了。吃了药的话，能多少睡一下。不吃的话就根本睡不着，这已经成为生活习惯了。现在也一样，每天晚上过了十二点吃了安眠药就能睡一下，一般睡三到三个半小时。有时会睡得久一些，能到四个小时。到了时间一定会醒，就是这样。

像这个样子怎么也算不上是好状态。医生也给我忠告说，连着吃了三十多年的安眠药，这是非常有害的，我自然也明白这样不好。但对于我的情况，日常生活只有如此才能健全地维持下去。所以，明知道不好，我也没有停止吃药。与其说我不想停止吃药，不如说我根本不能停药，因为不吃药根本就睡不着。不过，我尽量不加大药量，而且一直换着药吃，尽量在这些地方花心思。

说到底，我的情况就是不吃药完全睡不着，吃了药也只能睡三四个小时。我也是普通人，也不是没想过假如自己能够不必吃药就可以酣然入睡的话该有多好。也希望自己能一夜好眠，有个精力充沛、神清气爽的早晨。多少也会介怀自己为什么就不能那个样子呢？不过，这么多年我一直都是这个样子，后来我自己也就想通了，自己就是那种无法酣然入睡的体质，也可以说天生如此，根本无计可施。既然是无计可施，也只能坦率地承认这一点。

你看这世上，有些人真是喝口水也会长胖，而有些人再怎么胡吃海喝也不会长肉。每个人的体质都是天生的。有些场合，自己会觉得摊上这体质实在是太倒霉了。但是，到最后也只能坦率认命。如果不管什么样都是忧心介怀，那也是无济于事的，我通过自身体验领悟到了这个道理。

如今，我还是不吃安眠药就完全睡不着，这对我来说已经是常态了。实际上，这就是老天给予你的一种命运，或者说是赋予你的独特之处。

这类事态超出了自己的意志掌控范畴，可以说是受到了命运的支配。既然如此，也只能遵从命运的安排。如果不乐意听从命运的安排，对自己而言，毋宁说这是一种不幸，自己本身会产生问题。有鉴于此，我的看法就是，无须过于忧心介怀，而应该泰然应对，这是极其重要的。

反复诉说：不断强化大家的思想觉悟

不管你说了多么美妙的话语，话一说出口，就会立刻随风而逝。听的人转身就会忘个一干二净。如果那些话真是振聋发聩，能给人留下深刻印象，可能不会当场就忘记。不过普遍而言，很多时候都是过了两三天也就基本上忘得差不多了。不过，那些说出美妙话语的人，总是会理所当然地认为对方绝对会牢记自己所说的话。因此，当他发现对方早就把自己说的话忘到了九霄云外的时候，说不定就会叫嚷着："真是岂有此理。"

真要较真的话，这也的确是"岂有此理"。不过，我们也应该明白，人的记忆力完全是靠不住的。再怎么在脑子里想着这个一定得记牢，说不定马上就会忘个精光。这就需要我们来考虑该怎么办才能阻止遗忘。

有一个办法，就是一遍遍地反复说。如果是重要的事或者是希望对方牢记的事情，就一遍遍不厌其烦地反复强调。不管是两次、三次，还是五遍、十遍，就是不停地说。这么做的话，不管对方乐意与否，说的话还是会渗到他脑子里，会被牢牢记住。

跟这个相类似的做法，就是把文字连贯起来形成文章，这也是至关重要的。如果已经成文，在用到的时候只要说一句："你读读这个吧。"事情就解决了。让别人亲自读或者自己反复诉说，其实是同样的效果。

松下电器在 1935 年，将一直是私人经营的松下电器制作所改组为松下电器产业株式会社。当时，为了强化大家的觉悟，规范大家的想法，积蓄力量开始新的征程，公司就制定了"基本内部规章"。第一章是总则，包含第一条至第十七条；第二章是店员需要遵守的规章制度，包含第十八条至第五十二条；第三章是有关薪资的规定，包含第五十三条至第六十一条。

总共有六十一条，内容似乎很多。不过，像这样已经形成明文，并且纲举目张、条理清晰的话，就算不在口头上一遍遍重复，大家只要读一下，马上就会明白。那么，这六十一条到底说了些什么内容呢？比如说总则第十五条，就规定了下列事宜。

"松下电器无论将来如何发展壮大，始终不可忘记自身的本质为一介商人，所有员工都应自觉恪守店员的本分，以质朴谦让为宗旨来开展业务。"

这一点至关重要。当时，松下电器的业务急速扩大，在发展的道路上不断迈进。而每个人尤其需要牢记此点，并以此进行深刻的自我反省。因为公司呈现良好的发展势头，大家就会慢慢懈怠，变得骄傲自满，这是人之常情。但这种情况又是坚决不允许发生的。

正是因为要坚决杜绝这一情况的发生，大家就得相互提醒，这是极其重要的。要想做到此点，当然可以让大家用言语彼此提醒。另外一个重要的做法，就是将规矩用条文确定下来，形成公司内部的规章和制度，让大家相互遵守。

此外，虽说这一基本的内部规章是远在 1935 年就制定下来的。可这一根本指导理念在那之后也一直保留了下来。在刚才的举例中出现的第十五条的内容，对今日的松下电器而言，依然有着战略性意义。这些思想理念，不管时代如何变迁，都如磐石一般永恒不变。

为了让全体员工能够以紧张严肃的精神投入工作，我在

1939 年的春天，将《经营的心得》《经济活动的心得》和《员工指导的心得》写成文章，并在全公司传达。

其中，《经营的心得》内容如下：

一、无论是生产还是经商，都是公事，而非私事。因此，诸君必须牢记，应以公心来进行商贾，不能掺杂丝毫私心。

二、良好的经营有益于社会，不良的经营毒害社会。大家必须牢记此点。为施行良好的经营，诸君务必做到殚精竭虑。

三、必须重视顾客，时刻都要满怀感恩之心。为了顾客的繁荣，大家务必做到鞠躬尽瘁。诸君必须牢记，这是感恩回馈社会的第一步。

遣词造句脱不了那个时代的风格，现在看来显得有些陈腐。不过，这种精神觉悟和想法，我认为是历久弥新的，时至今日仍包含着极其重要的观点。

像这样明文化的规章制度和注意事项在松下电器还有很多。对此，自然是见仁见智。有些人会觉得这些束缚了大家的思维。不过，从另一方面来看，在大家工作的时候，这可以成为一个依据。

　　如果大家在既没有规则也没有其他任何规定事项约束的情况下，也能够顺利完成工作，这当然是理想状态。遗憾的是，实际上很难做到这一点。那么，当我们在努力靠近这一理想状态的过程中，最合适的情况就是定下大家都期待的事，以此不断约束自我，并且努力奋斗来追求目标。只有这样，大家才能获得充实感，迸发出强大的力量，进而取得令人满意的成果。

　　就此意义而言，我认为一个集团、一个公司，为了以理想的姿态不懈地开展强有力的活动，最重要的一点就是将某些规范、守则和规矩明文化，并将其清清楚楚地写出来。而每个人都要对这些规定反复品味，深入思考。这是至关重要的。

真有烦恼也不烦恼：有烦恼是人之常情

我们计划并实施什么事情的时候绝不会一帆风顺，大大小小总会遇到一些问题，甚至会遇到难关。事情总是很难按我们所期待的那样发展，所以，我们就会陷入烦恼，内心充满痛苦忧虑之情。不管是企业经营还是商业往来，皆是如此。应该说，不管进行什么工作都会遇到这种情况。我们每个人也因而被麻烦包围，可以说是永无宁日。这可真是惹人愁啊。

但是，如果我们只是一个劲儿地烦恼忧愁，也于事无补。整天纠结于烦恼之事，就会惶惶不可终日。最极端恶劣的情况，就是在走投无路之下选择自我了断。这不管是对自己还是对他人而言，带来的都只有不幸。那该怎么办才好呢？

我很早以前就一直在考虑这个问题。说起来也是有自己的原因。我自己创业之后成为经营者，将事业发展到今天，一直都是烦恼缠身，可以说烦恼一个接一个，根本就没有消停的时候，要是这也烦恼，那也焦心，自己早就吃不消了。

对这种事，我是这么想的。我的确有很多的烦恼，要头疼的事情真是成百上千。不过，不管是有一千件烦心的事情，还是有一百件需要头疼的事情，归根结底，烦恼只有一个。我一直都是这么想的。与其说自己是这么想的，倒不如说这是不争的事实。并不是说有一千个烦恼，就是多么痛不欲生的事情。其实真正需要烦恼的事情永远只有一个。

例如，手腕上长了一个小包，就会疑神疑鬼。可是，没一会儿肚子上又长了一个大瘤，现在谁还记得手腕上那个小包呀，满脑子就想着这个大瘤了。就是这么回事。

这一情况不是正好可以用来形容烦恼吗？它们永远只归结在一处。说到底，就算你有一百个烦恼，但在当下，烦恼的永远都只是那个最大的。是不是这个道理？

就我这么多年的人生经验而言，有时候自己会同时遇到五六个亟待解决的问题。每一个都是我烦恼的源头，没一个不是让人头疼的大问题。自己真是左支右绌、手忙脚乱。不过，这种情况反复上演的次数多了，自己终于发现，不管是一个烦恼还是十个烦恼，最终都是一样的。

说到底，占据自己脑海的永远是彼时自己最大的那个烦恼。自己的全部心思都花在那个上面了，剩下的只能排到第二、第三位。这样的话尽一切努力总能找到解决办法的。如果不这么做，而是有十几二十个烦恼的话，就同时为这许多的烦恼劳心伤神，那身体怎么受得了呢？

不过，万幸的是我们不会落到如此惨的地步，因为每个人总是只会为最大的烦恼而苦恼费神，这也是我们大脑的自然机能。毋庸讳言，这并不意味着其他的烦恼全都解决了。不过，那也不需要特别烦心忧虑，我们终归能找出解决之道的。天无绝人之路，总会出现一条生路让我们继续走下去。

在我看来，有一个烦恼也没什么大不了的。更准确地说，我认为有一个烦恼，对我们每个人来说是很宝贵的事情。这并不是我的违心之论，如果硬逼着自己这么想，也只是让自己吃苦头罢了。这都是我最真实的想法。

说起理由，我觉得如果我们时刻都有某件需要惦念的事情，这是好事，我们就不会犯大错。因为我们会变得小心谨慎，内心总是时刻警惕，就不会吊儿郎当、粗心大意。而反过来说，如果总是无忧无虑、兴高采烈地过日子，自然而然就会变得怠懒懈怠。而这种松懈就会导致错误的发生，最终极有可能造成不良后果。在这个社会上，这种实例实在是不胜枚举。

有鉴于此，我们倒是认为有一个烦恼缠身，在很多情况下可以产生良好效果。所以，我们无须为如何逃离这一烦恼而苦恼忧心，我们需要坦率承认现状，并考虑如何应对这一烦恼。在我看来，只有这么做，我们每个人的人生价值才能得以实现。如果大家都能这么想，人生就没有什么可担心的事情了。

就现实而言，我也总是因遇到困难而烦恼。身为人类的一员，这也是在所难免的。不过，遇上了困难，就得考虑该怎么办的问题。总是因遇到的一个个困难而烦恼，却不着手处理的话，是没有一丁点儿用处的。碰上烦恼了，就得马上改变想法。需要自问自答，也就是要说服自己，我们必须这么想才行："不能为这个而烦恼忧心，一定要打定主意不苦恼。"

再进一步说，光这么想还不够。同时，我们还要找出产生烦恼的原因，并做出一番解释或者转变看法，以求克服此问题。这些解释和看法能够让我们不被烦恼所打败，也不会让我们的心灵变得干涸，而是让我们能够敞开心扉。

举个浅显的例子吧。"整天淫雨霏霏，真是烦透了！"如果你为此烦恼的话，不如换个角度，想着这种阴雨天会带来丰富的降水量，对人类生活有很大的好处。也就是说，我们需要像这样寻求思想的转变，换一个角度做出全新的解释。

当然，在实际生活中，我们所面临的问题远远不像下雨这么简单，有太多错综复杂的问题。因此，并不能即兴发挥，当场做出新的解释。所以，在找出新的解释之前，我们还是得陷入苦恼之中。这段时间可能是几个小时，也可能长达几天。这是没办法的事情，谁也无计可施。

就像上面说的那样，我总是被烦恼缠身。不过，我从没有被烦恼打败过。最后的结果就是，自己产生出新的看法和解释，从而克服烦恼。

幸运的是，我一直都是这么做的，也算是顺顺当当地活到了现在。自己一直有着晚饭吃不下和夜里睡不好的毛病。不过，仔细想想，每次遇上烦恼，都会给自身带来进步。每一次发生这种事，就会随之迸发出解决问题的智慧。这么一想，就会觉得烦恼真没什么可怕的。

希望大家都能成为名医：早期治疗的重要性

我们每个人都很容易陷入这样的通病：明知道哪里出问题了，哪里不对劲，却是放任不管，不采取任何措施去处理。当然，大家会根据出现问题的严重程度和紧急性而采取不同的应对方式。不过，如果不能正确认知问题的严重程度和紧急性，那可真是无药可医了。可是，正因为会陷入无药可医的地步，所以我们每个人在平素里需要时刻做到相互警示，以免落到那个地步。这是极其重要的。

1955 年初，松下电器面临着重大危机。话虽这么说，其实并不是说公司业绩急剧滑坡，或者是经营上的数字呈现恶化趋势。而是我自己冷静观察状况，并进行慎重考虑之后，得出了这样的判断。

当时，正如预料的那样，因紧缩金融而造成了经济发展的停滞。另外，恰逢重型机电厂商转型投向弱电行业发展，而这些厂商普遍有个倾向，那就是凭借雄厚的资金实力来强硬开展商贸，这在弱电行业可是前所未有的冲击。而雪上加霜的是，松下电器公司内部也出现了问题。

那时候，松下电器在短短一年时间里招收了多达三千五百名员工，这一比例已经占到了全体员工的三成。拥有为数众多的新人，也就意味着公司整体的战斗力呈下滑趋势。更糟糕的是，人员急剧膨胀，不说别的，在统一认识方面也存在极大的问题。而且，当时公司所面临的社会环境，真是恶劣到了极点。

将这些情况进行全盘考虑之后，我意识到当时松下电器正面临着重大危机。因此，我对员工进行了严肃的提醒。告诫他们要从自身立场出发，绷紧精神，并采取积极对策。为了强调这些，我觉得一次不够，而是花两次时间来宣讲。可是，我失望地发现，从我最初对大家提出告诫之后已经过去了四个月的时间，想要验收什么成果的话，只能说是一切照旧，什么都没有改变。我觉得这种情况非常说不过去。

要是短短一个月左右的时间没发生什么变化，这还可以说是正常，也可以说是无可奈何的事。可是，两个月都过去了，三个月也过去了，正常的话，也应该能看到大家努力的结果了。遗憾的是完全没有出现这种情况，我满心期待的成果在哪儿都看不到。于是，我认为自己有必要再一次向大家宣讲我的看法了。我想如果还采用跟过去同样的宣讲手段的话，说不定还是毫无成效，必须另辟蹊径，采用不同的方式来告诫大家。我经过反复思考，对员工说了下面一番话。

"为什么会出现这种情况呢，这是因为大家把事情想得过于简单了。大家只看到呈现在表面的数字大体上还说得过去，就产生了安逸的想法，这也不为过。也正因如此，虽然大家都非常清楚什么是我们该做的事，但实际上却营造不出做事业的合适氛围，这就有问题了。让人痛心的是，这还是不易解决的棘手问题。"

我接着说：

"真等到出了问题，并且从数字统计上也能看出各种情况时才惊慌失措，再来寻求解决对策的话，那就太晚了，早已是病入膏肓了。早期诊断是极其必要的。我们还没有觉得身体哪儿不舒服的时候，名医就通过察言观色，见微知著，从轻微的小症状入手，指出你身体哪里有问题，哪里需要特别注意，并及时进行治疗。这样一来，基本上都是在身体还很健康的时候，病情就能得以根治。诸位也必须成为这样的名医才行。"

我告诫大家，希望每个社员都能够从自己的立场出发，成为名医。我身为社长，自不用说，必须成为能够为整个公司号脉诊治的名医。不过，仅仅这些还远远不够，各个部门及各个方面的工作都需要名医，而每一个员工都必须在自己所负责的工作上成为名医。

像这样，每个人都应该在问题还在萌芽的时候（也就是从外部来看还未形成问题的时候），就得找出不良之处并迅速解决。如果每个人都能做到此点，所谓的问题就会在成为问题之前被消灭干净。

尤其在这一点上，我花费了极大的心力对员工强调并反复告诫。当然，我所说的这些并不仅限于经营，对任何事情而言，这都是极其必要的。现今的松下电器也必须这样考虑才行，绝不能认为现在很健康就万事大吉，根本无须治疗。遗憾的是，现在松下电器呈现这样的发展势头，所有员工也理所当然地觉得一切都挺好的，而这种想法是极其危险的。我一直在强调这些。

我言犹未尽，接着往下说：

"四个月前，我给大家训话的时候，大家可能也就想着，社长跟以前一样又提出了一个警告。可能很多人就没往心里去，所以依然是我行我素。当然，并不是所有人都是如此。但是，就整体而言，这一倾向极其严重，这个样子不改不行。"

"现在改的话还不算晚。虽然我觉得病根多少已经呈现出了蔓延的趋势，不过还有得治。可如果到了这个关头，大家还不能正确意识到此点，还觉得一切都挺好的话，到最后只会是一发不可收拾，酿成大错。"

像这样，我强烈希望每一个社员都能够从自身工作出发，对此点进行认真思考，并采取相应的行动。

我这样慎重告诫大家之后，也取得了可喜的成果。每个员工都对我的想法表示赞同，深入思考并付诸行动。这也使得面临重大危机的松下电器，在此后保持顺利发展势头，几年后，出现了骄人成果。当时曾在 1955 年定下一个五年计划，使当年的 220 亿元的销售额在 1960 年达到 800 亿日元。而这一目标在第四个年头就提前实现了。

第五章

坚守信念

得有自己的想法：一无所获的会议

想让事情顺利进行，谁都有这样的期望。但这并不是仅有美好的期待和愿望就一定能实现的。如果只有这些期望，又遇到别人持有强烈主张的话就会产生混乱，完全搞不清该如何是好。这可是兵家大忌。

遗憾的是，我自己就亲身经历过类似的事情。那是 1924 年的事，当时正值松下电器售卖新型电池式自行车灯的第二年。这种电池车灯是划时代的高性能产品，因此销售量节节攀升，在当年九月的业绩已经达到月产一万个了。在当时来看，这可谓大获成功。

可是，天有不测风云，这时出现了一大难题，究竟是怎么回事呢？那时，销售这一车灯的代理商之间出现了纠纷。具体而言，本来全国各地都有不同的代理商负责向本地区的零售店销售商品，不过，大阪的情况比较麻烦。大阪是由 Y 商店这一家代理商全权负责此车灯的销售业务的。可是，他不仅把车灯卖给零售店，还卖给批发商。而这其中有些批发商还把商品卖到大阪以外的地方。

这样一来，各地流通的商品既有这些批发商销售的商品，也有当地代理商销售的商品。这种情况就妨碍到地方代理商的利益，因此地方代理商就抱怨连连，希望松下电器能够妥善处理这一事件，不能让其他渠道的商品流入自己的领域。他们的难处我知道得一清二楚。

之后，抱怨的声音越来越多，实在是不能听之任之了。因此，我就向 Y 商店说明情况，恳请他不要将商品销售到大阪之外的地方。听了我的恳求，Y 商店的老板 Y 先生却给出了极其冷淡的回答，让我碰了一鼻子灰。

"由我全权负责大阪府的销售业务，我们签的合同是这么说的。我也遵照合同约定，只往大阪销售，根本没有往其他地方卖过商品。所以，我没理由接受你的指责。"

这话很有道理，Y 先生说的一点儿也没错。问题在于大阪的批发商把商品卖到了其他地方，这是棘手的难题。因此，我把这点又好好地说了一遍，希望他能妥善处理。遗憾的是，Y先生还是一副事不关己的样子。

"你说让我妥善处理，这个根本办不到。商品卖给了大阪市内的批发商，自然会流通到其他地方，这个是大家心知肚明的事情。到了这会儿，你却来说三道四，说这话的人真是莫名其妙。松下先生一点儿都不懂做生意的真实情况，你多学着点儿吧。"

被他说了一通，我只能是哑口无言，有点儿意气消沉。没错，Y先生说的也在理。既然这些跟地方做生意的批发商都以大阪为据点，那么，卖给大阪的商品会经由他们流向地方也是理所当然的事情。并且，Y先生还振振有词地说："比起通过批发商渠道流入的商品，由该地方代理商售出的商品在价格方面应该是占优势的。要是他们向你抱怨，你应该指明这点，必须把地方代理商的抱怨顶回去才行。"当时，我还没有什么经验，听他这么说，也觉得他说的都在理。

也就是说，双方各执一词，而他们的相应主张也都没错。因此，我在中间当和事佬，希望Y商店能多为地方代理商着想一些。而对地方代理商，我则希望他们能多加容忍，以价格优势来促进销售。

可惜，这个世界并没有想象中那么美好，情况变得越来越糟。日复一日，矛盾愈演愈烈。甚至在地方代理商之间出现了这样的议论："现在代理商的牌子变得分文不值，那干脆不干代理商得了。"还有些店主说："我不打算交代理费了。"到了这地步，事态已经变得极为严重了，绝对不能置之不理，必须得采取妥善措施以解燃眉之急。

我反复考虑后得出结论，唯一的办法就是让双方会聚一堂，本着互让的精神好好协商，以期圆满解决争端。因此，在大阪召开了松下电器首次代理商大会。

代理商大会是个什么情况呢？Y商店的主张是："我不可能不向批发商卖货。卖出去的商品流向地方，这也是没办法的事。"而地方代理商则要求："你不能再卖给批发商，请直接卖给零售商。"看起来，彼此都只是一个劲儿地重复自己的主张，根本谈不拢。双方的对立只能一步步加深，哪一方也没有让步的苗头。

我实在是左右为难。要是在这个代理商大会上谈不出个结果，为什么还要费事地把大家召集在一起呢？但是看现在的情形，双方越来越对立，也越来越感情用事。为了不让事态进一步恶化，我一遍遍强调："大家难得济济一堂，希望彼此多少也为对方想想，不要光摆大道理，要本着和平的精神友好协商。"然而事与愿违，会议变得混乱不堪，完全找不出解决之道，只能任时间白白流逝。

在这种混乱的情形之下，Y 先生提出了一个解决办法。"要是规定我不能卖给批发商，那我就不做代理商了。不过，这样一来，松下电器需要向我支付两万日元当作违约金。如果松下电器不乐意赔偿的话，那就把全国销售权都交给 Y 商店。这样一来，地方代理商也是我的重要生意伙伴，我会解除大家的后顾之忧的。这样，大家不就能够相互协商、合作共进了吗？"

听了这话，我真是惊讶得无以复加。这一提议我是第一次听说，他的提议是我完全没有想过的，这一提议真是"飞来之笔"。既然他是这么想的，事先知会我一声该有多好！可是，他事先三缄其口，在这个会上突然抛出炸弹，把我玩弄于股掌之上，真是岂有此理。不过还得承认，虽然 Y 先生的做法太不像话，他的建议还是颇有可取之处的。

最后，这次代理商大会没能拿出任何像样的结论，也没有任何成果。就当时而言，只能是一切照旧，就这样闭会了，完全是一无所获。剩下的问题就是对 Y 先生提出的建议我该如何应对，想来想去，在几番彻底思量之后，我终于接受了 Y 先生的提议，把全国的销售权让渡给了 Y 商店。可以说，我被 Y 先生说服了。

我为什么会被他说服呢？可以列举出各种理由。可能是我们作为商人，在经验上有明显差距。另外，也可能是性格使然。不过，说一千道一万，最根本的就在于我没有坚定的信念，我自己没能持有明确的方针和独到的见解，由此才会一败涂地。

当自己面临棘手的问题和状况时，如果我能够坚持明确的看法，率直地表明这件事不这样做不行，或是必须得那么做。能够做到这一点的话，在代理商大会上，就算遇到双方的主张出现对立局面，抑或是 Y 先生提出新的建议时，我自己应该也能够妥善应对这些难题吧？

进行了这样的反省之后，我以此为戒进行了不懈努力，力争让自己拥有坚定的看法。因此，我夜以继日地费尽心神、绞尽脑汁地来认真对待每一件事，对所有的事情都是反反复复认真思考。要做到这点的确是劳神劳力的事情，但是对每一个做生意的人或者是负责企业经营的人而言，这又是必须为之的事。不仅如此，大家还得有自己独特的信念，我就是这样要求自己的。

对的事能行得通吗：固守君子之约的"后果"

这个社会真的很奇怪，自己认为这么做是对的，就这么做了，但不见得别人也会这么想这么做。就算这件事并不是自己自以为是，每个人都会承认这么做是对的，但一旦落到现实层面，对的事也完全行不通。现实中不是没有发生过这种事情，大家不觉得这很奇怪吗？

已经是很久以前的事了。当时为了某件电气工具，业界陷入了白热化的过度竞争。所谓过度竞争，指的是价格方面的竞争。例如，原价是十块钱，现在打价格战就会以八块钱的低价卖出。这么做的话，岂止是赚不到钱，简直就是赔钱赚吆喝，你卖得越多赔得越多。都赔成这样了，按正常思维，过度竞争早该偃旗息鼓了，大家这么想也是情理之中的。

遗憾的是，不知道是不是竞争让人变得失去了理智，虽说已经赔得一塌糊涂，可廉价抛售之风却是依然如故。说起来，这已经演变成了毫无意义的意气之争。这种情况持续了几个月之久，将近一年的时间市场都是一片混乱。在局外人看来，这件事怎么想都不正常。不过人嘛，有时难免会这样。

话虽这么说，不过，再怎么样也不能永远都是这个样子。一直赔下去，谁都吃不消，这不仅是徒劳无功的事，更是极大的损失。所有人都损失惨重，所以大家都想着，这种状况有问题，还是得拨乱反正，回归正常价格。

现在有反垄断法的限制，业界不能随心所欲规定价格了。而当时是 50 年前，各个公司和工厂的头脑们只能聚在一起商议，拍板决定回归正常状态，我也作为一介小工厂主出席了会议。在会议上，关于何时执行这一决案，大家考虑到这种异常状态已经持续了很久，必须尽早恢复正常的市场秩序，所以决定从即日起就实行。既然这样，我就遵照会议上的决定，不折不扣地履行承诺，这么做也是无可厚非的。

可是，人世间有些事真是让人摸不着头脑。我这么做了，之后却发生了一件出乎意料的事。大家决定了即日实行之后，大约过了一个半月，我召开了代埋商会议。说是代理商，其实并不是松下电器的专营代理商，我是为了跟大家商量某件商品的销售事宜，才把大家召集在一起的。

那时，突然有人挑起了话头。

"松下君，你们工厂真是太不像话了。"

"这话从何说起？"

"前段时间，不是对某件电气工具提价了吗？虽说这是大家商量好的事情，可只有你们工厂是当天就提价了，真是过分！"

"哦，您说的是那件事呀。那是因为大家都觉得前一阵子实在是太乱来了，就打算恢复到正常状态并决定即日实行，所以我就照办了。"

"是这样不假。不过，别的厂商可都是给我们优惠了的。有的说'就这一万个还按原先的价格来吧'，还有的说'就这一个月，还是按以前的价格不变'，我是从你这里进货的，只有你们工厂可是当天就提价了，真是太不像话了。"

我真觉得受了天大的冤枉。那天可是所有厂商代表济济一堂，进行了慎重的磋商，指出不能这样继续下去，必须重归正轨，还说越快越好，所以才决定即日实行的。那个场合大家绝不是信口开河，每个人都是以认真的态度进行探讨，最后做出这一决定的。讽刺的是，决定好的事情却没有谁去遵守。非但如此，我自己遵守了约定，却被倒打一耙，变成了恶人。这到底是怎么一回事？我真是搞不懂了。可是，我不能一言不发、任人指责，因此我说了下面一番话。

"我承认，如果只考虑我跟诸位的话，刚才诸位对我的指责的确是无可厚非的。大家认为我当天就提价太不近人情了，所以指责我苛刻，这是完全说得过去的。不过，我希望大家也认真想一想。"

"那件事可谓是君子约定，我也是这么实行的。我今天才知道，其他厂商并没有按照约定的那样来实行。所以，如果大家觉得那些不执行约定的厂商更值得信赖，那我也无话可说。如果大家想从其他地方进货也没关系。"

"我这么做，不仅因为这是君子之间的约定，而且我也认为这一约定是对的。这个正确的约定是为了纠正迄今为止所进行的那些草率的过度竞争，所以我一丝不苟地遵守了约定。如果诸位觉得我这样的厂商不尽如人意，那我向各位道歉，就算今后诸位不愿意跟我继续做生意，我也毫无怨言。"

我将自己内心认真思索的内容坦率地说了出来。这下刚才大家还是叫苦连天、抱怨不休，突然间就哑口无言了，全场鸦雀无声，大家都陷入了沉思。我继续追问："诸位怎么看？是我错了吗？"这样一来，刚才还连番指责我的人也说："松下君，你没错，你非常了不起。你说的没错，我都懂。今后还会继续从你这里进货的。"之后，他们继续大量购入那件商品。

结果，因为这件事，松下电器的信誉得到了提升。大家觉得松下电器值得信赖，只要是约定好的事就会不折不扣地遵守。像这样，口碑越来越好。靠着这样的信誉，松下电器的生意也是发展得越来越顺利。

总而言之，我们需要时刻认清什么是正确的，并从这一立场来考虑事情。这是极其重要的。

日积月累的诚意有起死回生之效：眼看交易就要黄了

现在的人，一旦被别人责骂或训斥就会勃然大怒、愤愤不平，这种情形可真不少见。有鉴于此，大家也会避免因为些许小事就责骂呵斥别人，如今社会上这样的倾向越来越明显。不过，在商言商，客户可不会对你姑息迁就，如果产品中出现残次品或者是服务出现纰漏，马上就会被投诉，会被严厉斥责。如果对客户的申斥流露出一丁点儿不满情绪，这生意就做不成了。

所以，当客户申斥责备你的时候，你只能真心诚意地来应对处理，这是重中之重。再说，虽然都是申斥，也有程度深浅之别。有的是轻描淡写，一笔带过："今后注意点儿吧"。有的就要严重些："马上想办法改正！"最严重的就是对方劈头盖脸地好一通责骂。

如果只是教训一顿就了事，那还算是好事。最怕的就是对方教训完了，最后来一句："算了吧，我不想再跟你们公司做生意了，咱们的合作到此为止吧。"这可是飞来横祸，真是大事不妙了。遇到这种情况，究竟该怎么办才好？

很久以前，当时我还在松下电器社长这个位置上，有一次就遇上了客户宣告说要跟我们断绝业务往来。他并不是直接对我说的，而是对公司员工如是说。那个员工从外面回来，向我汇报情况时，脸色苍白，一副垂头丧气的模样。"……出于这样的原因，对方非常生气，扬言说以后再也不跟松下电器做生意了。"

在社员眼里，对方这是发出了最后通牒，已经是无力回天。任谁听了这话都会失望透顶、心情沉重，觉得事情已成定局，做什么都没有用了。事态真是极其严峻。

听了这一报告，我刚开始也觉得这可是出大事了。不过，马上就改变了想法。"等一下，先别急。"我开始做如下考虑："为什么对方会生气？他生气的原因真的是松下电器造成的吗？"因此，我让那个员工把事情原原本本地描述了一遍，这才发现对方发怒的原因其实是个误会。即使算不上误会，也应该说是对方没有充分弄清楚松下电器的意图所在，所以才会如此。

真是那样的话，就算不上是重大危机了。对方之所以会责备不满，那一定是我们有做得不好的地方。我们必须重视这些，谦虚地接纳这些批评。不仅如此，更重要的是必须采取措施来解决问题。具体而言，我们必须向对方充分说明松下电器的意图，以求获得对方的理解。从这点出发，对方的批评指责反倒是好事，这样客户能够加深对我们的理解，使得彼此的关系变得更加密切。

因此换个角度来看，这件事应该说是给我们提供了一个绝佳的机会。对方不留情面地批评指责，说不定正好预示着对方和松下电器之间会结下深深的缘分呢。我乐观地想着。

那么，遇到了这种情况，就得考虑该如何处理的问题。其实已经没有时间去头疼该怎么处理了，留给我们的只有一条路，那就是把我方的真正意图坦率地传达给对方。而且，事不宜迟，得马上去办。我看到那个员工汇报完了还忐忑不安地站在我面前，暗地里观察我的脸色，就对他说：

"辛苦了，不过，你现在应该马上再往客户那里跑一趟，把松下电器的意图再好好地向对方说清楚，表明你的所作所为对对方来说绝不是坏事。当然，从对方的想法来看，会觉得我们有些地方做得不到位。因此，我们受到对方的指责，也是无可奈何的事。但是，从根本上来看，我们充分考虑了对方的立场，顾及了对方的利益。如果对方揪着些许的过错就全盘否定我们的整体方针，松下电器可是蒙受不白之冤了。"

"你把我们公司的整体方针和情况，再仔细向对方逐一说明，要是对方还觉得不行，那才真是回天乏术了，我们也只好作罢。所以，你再辛苦一趟，到对方那里试着交涉一下吧。就说'我回去禀告社长了，社长是这么回答的。'"

"好的，我再跑一趟吧。"那个员工立刻飞奔而去，并拼了命地向对方进行解释。结果呢，对方本来都扬言"今后再也不跟松下电器做生意了"，现在又改了口风，"你们老板是这么说的吗？说得有理，原来是这么一回事，我明白了。要是这样的话，我也再重新考虑一下。今后咱们多加合作吧。"社员笑嘻嘻地回来向我报告喜讯。我表扬了他："是吗？真是太好了。辛苦你了。"

差一点儿就要黄了的生意，最后得以继续合作。不仅如此，从那之后，那个客户投入了更多的心力来跟我们做生意，都可以算是松下电器的狂热支持者了。

　　整件事要说起来，那就是当我面对客户的斥责这一生意危机的时候，没有轻言放弃，而是告知对方我们的真正意图，由此打开困局。不过，所谓的告知，并不是当场舌绽莲花、哄骗对方，而是体现出松下电器坚守的基本原则。我们一贯是充分考虑顾客的利益，从客户的立场出发来推进工作的。也正因如此，在遭遇危难之际才能侃侃而谈，向对方堂堂正正地表明我们的主张，而不是惊慌失措、一筹莫展。

轻易放弃的话，就真的回天乏术了：15 万日元的无条件贷款

当我们有事拜托别人的时候，想要顺利说服别人可真不是容易的事情。如果对方二话不说就应承下来了，那自然是求之不得。但这么简单明了的事情，很多时候在现实生活中是不会上演的。更常见的是对方找出种种借口来拒绝你的请托，或者是提出附加条件，企图迂回地拒绝。

但是，一旦遭到拒绝，就干脆放弃了的话，那只会一事无成。碰一鼻子的灰，忍不住就会灰心丧气，说起来这也是人之常情。但我们可要知道，轻言放弃的话，极可能就意味着事情再也无法挽回了。

1928 年，松下电器计划新建一家工厂。土地预算为 5.5 万日元，车间厂房的预算为 9 万日元，内部设备的预算为 5 万日元，合计花费为 19.5 万日元。在当时，这可算是名副其实的大工厂了。我就想着，怎么也得把这个工厂漂漂亮亮地给建起来。

可问题就出在那 19.5 万日元上面。当时手头的富余资金只有 5 万日元，还有 14.5 万日元的资金缺口。资金缺口实在是太大了，必须得想办法筹到这么一大笔资金才行。这可如何是好？说到该怎么办，最后也只有一条路可行，那就是贷款。除了找银行借钱，别无他法。

因此，我决定向银行贷款。当即约见了交易银行的分行长，向他说明新工厂的建设计划，并提出 15 万日元的贷款申请。分行长问了很多问题，我都是实话实说，并向他详细介绍了生产现状、销售情况和资金回笼状况等。

分行长听了我的解释后，重重颔首，说道：

"好的，我觉得您提出的计划相当完善。不过，15 万日元可不是小数额，我需要先跟总行商量之后，再给您答复。"

听了分行长这番充满好意的话，我感到心满意足。照这个情形来看的话，贷款的事应该是十拿九稳了吧。不过也不能断言，在得到对方的明确答复之前，一切仍是未知数。结果过了两三天，对方给出了答复，说是可以贷给我们 15 万日元。我情不自禁地想着："果然能行呀，这可真不错。"可分行长的话还没有说完。

"……但是，这个额度太大了，敝行无法提供全额无担保贷款。"

"……"我凝望着分行长的面庞。

"如果客户想借贷 15 万日元，一般而言，必须得有市值 20 万日元以上的担保物件才行。不过，敝行并不打算让松下先生提供同样价值的担保物件。我听您讲了实际情况，也知道贵公司并没有合适的担保物……考虑到这些，希望您能提供这次购买的土地和预期建设的车间厂房作为担保物。差额部分敝行可以适当通融一下，以贵公司的信誉作担保。"

这个建议实在是雪中送炭。要说我有什么能作为担保的物件，说实话，目前也只有花 5 万日元购入的土地。除此之外，别无他物。车间厂房都还没有动工，只有光秃秃的一块价值 5 万日元的土地，如果对方能够将它作为 15 万日元的担保物件，对我而言，真的是极其优厚的条件了。从这点来说，我真是非常感激对方。

一般到了这个地步，别人可能就会满怀感激地接受分行长的建议。姑且不论别的，如果这么做就能借到钱，那就这么着吧。大家会理所当然地采纳这种做法。

可那个时候，我并没有就此了事。原因何在？在我的脑海中，一直萦绕着所谓的"信誉"二字。目前松下电器正处于稳健发展状态，而以不动产作为担保向银行借钱，从松下电器的信誉这方面来考虑的话，并非什么值得开心的事。

遗憾的是，我知道这样不太理想。但不管怎么说，是我们找对方借钱，我们处于弱势，实在没底气为所欲为。因此，虽然不太满意这一条件，也还是想着就这么算了吧，干脆对"信誉"的价值视而不见为好，我们就这样决定下来吧。要是我真这么做了，其实也是无奈之举，是无可厚非的。

不过，我又往深层想了想。就这样放弃自己的主张，按对方的建议行事的话，在现今这个阶段，事情确实能够以这种方式解决。但是，松下电器的事业绝不仅限于眼下这一阶段。这份事业、这项经营在将来也得继续发展下去，并且还会一步步发展壮大。

说到底，这不是一锤子买卖，必须得以长远的眼光来考虑。经营这种事情，不仅明后天会做下去，明后年也会一如既往地做下去，需要结合这些情况做全盘考虑。如果此时此刻只图一时方便，就做出给松下电器的信誉抹黑的事情，这能行吗？这一点必须得认真考量才行。

轻言放弃是再简单不过的事情，这种事任何时候都能做。但你可知道，一旦松口放弃了，事情也就回天乏术了。所以，我并没有轻易妥协。

"您的建议真是难能可贵。不过，依在下拙见，以不动产作为担保进行贷款，就松下电器的现状而言，其实并不太理想。我有个不情之请，实在是难以启齿，不过，可否请贵行为在下提供无条件贷款？"

分行长不置一词，只是目不转睛地盯着我。我接着往下说：

"关于偿还事宜，给在下两年时间，一定能还清，请放宽心。并且，在下会把土地所有权的证明文件和计划建设的车间厂房的保存登记权利书等交由贵银行保管。所以，能否请您给予充分信任，无条件提供 15 万日元的贷款呢？"

分行长深表赞同，他如是说：

"好的，没问题。在下也非常希望能够满足您的请求。鄙人会尽一切努力来获得总行同意。"

过了两三天，银行来了通知。正式决定照我所期望的那样，无条件提供 15 万日元的贷款。

成功的秘诀：处处受挫的同行

不管是做生意还是干其他营生，如果自己做的事情没能顺利进行，人们就会心情颓丧、干劲全无，最终另谋出路。这是我们人类的共性，也是人之常情，都是无可奈何的事。如果另起炉灶并且新的事业能够顺利发展，自然是好事。但实际上新的事业未能取得顺利发展的事例屡见不鲜。有鉴于此，在我看来，即便遇到艰难险阻，也要咬紧牙关坚持下去，花费更多的心力投入到目前所从事的事业当中去，这是关键所在。只有这样持之以恒，才能渐渐摸索出可行的道路，也就会逐渐取得事业的成功。

那还是我刚开始创业时候的事了。那时，发生了一件出人意料的事。同行在我们附近新开了一家工厂。虽说是工厂，但其实规模挺小的，跟我们工厂一样，就是把普通的民家当成工厂来用。即便如此，它还是抢饭碗的同行呀，其实就是来了竞争者。

这可得好好应付才行呀。要是对方的事业蒸蒸日上，而我们却是萧条凋零的话，那得成什么样子？！必须奋发图强，绝不能输给对方，我夜以继日地以此激励自我。

我跟这家工厂的工厂主聊了之后才知道，他跟我一样，也是刚开始创业没多久。他还对我说："我完全不知道这附近居然有同行。不过，这也是难得的缘分。今后，咱们可别对着干，大家保持友好关系，共同发展吧。"当时，我也是这么想的。也给出了同样的回答，就告辞了。

可话虽如此，但是在眼皮子底下多了个同行在做同样的生意，毕竟还是让人难以释然的。对方的工作情况是什么样子的呢？让人不由生出好奇之心。虽然我们都说好了不会竞争，但在不知不觉间，自己还是生出了好胜之心，想着一定不能输给对方，而对方也是厉兵秣马的样子。晚上很晚了，那边还是灯火通明，一直都没停工。那我们也不能认输呀，也继续工作吧。双方都在拼搏，自然而然地有了竞争。

其实，有一个好的竞争对手还是很有必要的。为了竞争而竞争自然算不得是好事。但如果竞争能为彼此带来进步，那好的竞争对手的存在自然是求之不得的事。我的这位同行是一位名为 K 先生的工厂主。我与 K 先生成了近在咫尺的同行，这也为我带来了很多好处。

遗憾的是，过了差不多一年的时间，K 先生的工厂就转移到了其他地方，之后也是辗转于各地。五六年之后，K 先生曾经来拜会过我，他看到松下电器已经发展到如此规模，再三表示钦佩。

"松下先生您真是太了不起了，居然能把事业做得这么大，真是太让人吃惊了。跟您相比，我就是一事无成了，做什么都不顺。我奔波于各地，忙着开设工厂，不能说没努力。但到了现在，还看不到成功的曙光。每当事情的发展好不容易有些可喜的苗头了，就会出现种种问题。不是要不回价款了，就是那些得力员工辞职了，完全干不下去，真是一言难尽呀。做生意真是太难了，怎么都不能顺利发展，我怎么都想象不出松下先生您究竟是如何取得如此大的成功的，有没有什么成功秘诀？可否指点一二？"

我在听 K 先生诉苦的时候，就意识到自己必须说点什么才行了。毋庸讳言，K 先生在做生意方面遇到了极大的困惑，而这也影响了他的判断，成了经营的短板，这样下去的话绝对不行。这样考虑之后，我带着鼓励的意味，用较为凝重的口吻对 K 先生说了如下一番话。

"不是这样的，其实我更奇怪为什么像你这样认真努力的人却没能成功。所谓的事业，就是只要认真努力就一定会成功。因此，如果没能成功，只能说明一件事，那就是你还未能真正投身事业，付出百分之百的努力。在我看来，如果真正做到认真对待事业，付出不懈努力就必定能成功，而这也正是所谓的商贾之道。做生意跟真刀实枪的比赛是一个道理，如果你一直在纠结到底自己跟对手谁会先让对方的人头落地，那根本就赢不了。我们必须得赢，一定得成功。也就是说，做生意就意味着成功，只有成功了，才算是你真正做了生意。"

"要是那项生意没能成功，我们只能认为原因在于经营之法存在失当之处。不能归咎于时代不好，也不能归咎于经济状况不良，更不能归咎于客户难缠，我们必须得反省自身。归根结底，所有的原因都在于经营不良，是经营者措施失当。"

"有鉴于此，我的建议就是，你一定不能抱着随随便便的态度，认为做买卖就是有赔有赚，而应该保持锐气。就算整个社会陷入不景气也没什么好怕的，如果社会的发展呈现出良好势头就更好了。真正的生意人和真正的经营者就是这样，在经济不景气的时候耐心蛰伏，用心稳固基础，以图更好的发展。"

我说的都是肺腑之言，是我自己所理解的真正的商贾之道和经营之道，自己也不知道有没有表达清楚。不过，我对经营的这种看法，基本上到今天仍是如此。想要取得成功，就只能一直坚持下去，直到拥抱成功为止。如果中途放弃的话，那等着你的只有失败二字。因此，就算面前有堆积成山的难题，只需花心思一个个地解决掉这些拦路虎即可，千万不能颓丧灰心、半途而废，而应失败了重来，一定要坚持到成功的那一刻。能够做到这一点，最后一定能收获成功的喜悦。

不管是什么样的生意，究其本质，均是如此。也正因如此，方可谓真正的商贾之道。如果有一两次在发展上遇到了阻碍就半途而废、另谋出路的话，那可算不上是真正的经营。无论遇到什么棘手的情况，不管陷入多么困难的境地，都不能灰心，而应当妥善应对，积极寻求解决的途径。像这样不懈地努力，让事业日益呈现出更为美好的前景，方可谓经营。

知易行难，这一切远非口头上说得这么简单，必须真正做到"为伊消得人憔悴"，付出万分努力才行。虽然如此困难，但我觉得如果能够克服困难就又能找出人生的一大乐趣，不也挺好的吗？

转变想法：思索自己工作的意义何在

我们每个人的工作和职业各不相同，可谓形形色色。有的职业是大家公认的体面活，是所有人憧憬的对象，而有的就未必如此。因此，有些人会对自己如今所从事的工作和职业感到不满，充满愤愤不平之意。这是我们人类的通病，也没有办法。

可是，如果以此为借口，在工作的时候总是牢骚满腹，一副郁郁不得志的样子，这可是要不得的。再怎么说，我们每个人的人生都是无可替代的，每一天的光阴都不能浪费，而应在充实和喜悦中度过，这才是人生的真谛。那怎么才能做到这一点呢？换工作自然是一种解决办法。不过，就算辛苦地换了工作，也不见得结果就能尽如人意。那该如何是好？

对这件事的看法可谓见仁见智。在我看来，一个有效的办法就是认真思索自己工作的意义何在。比方说，有个人是卖冰激凌制作机的。他日复一日地在各地奔走，四处兜售机器。最后，对工作生出厌烦情绪，想法也走上了极端："为什么自己必须得干这么烦心的工作？就因为有人想吃冰淇淋，所以自己再烦也得干。真希望所有人都不要再吃冰淇淋了，这样自己就能解脱了。"但是，大家自然清楚，如果抱着这样的想法，就不可能全身心地投入自己的生意中去，业绩也不会提升。这样一来，对工作的厌烦之情只会进一步加剧，这就陷入了恶性循环之中。

在我看来，为了杜绝这种恶性循环，最重要的就是首先得正确认识自己工作的意义。换言之，必须得这么想："顾客买了这台冰淇淋制作机，不管什么时候，只要他想吃，就能吃到冰淇淋了。孩子们如果能有冰淇淋当零食的话，都会欢欣雀跃的；太太一个人在家的时候，吃了冰淇淋，也就不会感到无聊寂寞了。说起来，都是因为我在卖这种机器，才能给每个家庭带来幸福欢乐。所以说，我干的是传播快乐的工作。"这种想法完全没有牵强附会的地方，而是很正确的想法。

遇到同样一件事情，究竟该怎么看待它呢？大家的看法不同，也由此生出种种不同的见解。而且，大家持有什么样的见解，自己的心情也会随之发生变化。虽然持有什么样的想法都是个人的自由，但这种想法多少能够有益自身是最好的，这样自己的人生也会变得充满希望。

因此，就像上面提到的冰淇淋制作机的这种情况，我们可以认为这是一份能够给每个家庭带来欢乐的工作。在这种想法的支持下，我们自然会生出这样的念头："这是一份多么有意义的工作呀，我必须得鼓足干劲，下大功夫来推进工作的进展才行。"这才是我们每个人应该做的事情。

剩下的唯一问题，就是能够在多大程度上把这一想法变成自身的坚定信念。如果真的能够发自内心地相信，售卖冰淇淋制作机是一项为每个家庭播撒欢乐的重要活动，那么销售方法也就会自然而然地发生变化，得到强有力的发展。其结果也是销量水涨船高，业绩不断提升，工作变得理想舒心。而这样一来，业绩又会提升，发展越来越令人满意。这样一直发展下去，恶性循环就会变成良性循环。

毋庸讳言，并不是所有的情况都能这样顺利地展开。现实问题是，就算自己的想法发生了天翻地覆的变化，可对方依旧是固执己见，所以不可能一下子就能顺利进行。尽管如此，只要自己的想法变得积极向上，就会逐渐生发出与过去迥然而异的拼搏干劲和奋进精神。

再举一个例子。有个人在生产麻将器具的工厂上班。他知道麻将给人带来的弊病很多，比如说，通宵不睡影响健康，并且这是等同于赌博的行为。这么一来，他就无法认同自己居然为虎作伥，偏偏在生产这种害人器具的工厂里工作。他总是想着："自己干的工作会给社会带来坏处吧？"遗憾的是，一旦他这么想，就很有可能也会陷入恶性循环之中。

因此，他还是有必要换成积极的想法。具体而言，他得这么想："大家工作了一天都累得不行。打打麻将，也是很好的放松心情的方式，并且大家还能通过打麻将激起对明天工作的热情和活力。从这点考虑，我们制作麻将器具是一份能够为人们的生活赋予活力并带来喜悦的工作。"

要是能够这么想的话，就无须介怀自己的工作了。可以堂堂正正、不遗余力地投入工作，也就能感受到工作的喜悦。

关键就在于，你究竟是怎么想的。事情会因为你的想法不同，而朝好坏两方面发展。有鉴于此，我们必须寻求积极的想法，要做到集思广益，反复进行自问自答，从而寻找出更好的想法。这样做，不管是对每个人的工作而言，还是对企业经营而言，甚至是对漫漫人生路而言，都是极为重要的。

自信由何而来：最根本的是要认清何为正确的事

在进行经营之际，一件最重要的事情，就是经营者需要对经营满怀自信。在我看来，拥有了自信，在处理事情时就容易激发出解决问题的智慧。就算遇到难题，也能更好地解决事端。

有鉴于此，经营者需要拥有自信，这是至关重要的。那怎么才能够拥有自信呢？这种自信，是别人赋予的呢，还是自身激发而出的呢？有些人进行了深思熟虑后得出结论，并自信自己是对的。不管别人说什么，自己就是我行我素，也相信这么做一定会有好结果。这种人自然是存在着的。

与此相反，有些人光靠自己怎么都无法拥有自信。像这种情况，到底该怎么办才好呢？有一种办法就是听从别人的建议，由此产生出自信。这也行得通。

无论如何，经营者必须得有自信，而且还得是自信满满，这是关键。只有这样做，才能在遇到任何事情的时候，都能妥善应对，找出更好的解决之道。

有些人会觉得，我不是没有自信，只不过是发展不顺。可是在我看来，这只是因为你的自信太薄弱了，实在是不堪一击。

举例而言，有时候，我们缺少周转资金，必须得向银行借钱。这时，就得说服银行，以便获得贷款。为此，就跑去银行。

"我想贷款。"

"贵公司规模太小，敝行无法提供如此大额的贷款。"

听对方这么一说，我们要是灰溜溜地回一句："是吗？那也是没办法的事呀。"就干脆偃旗息鼓的话，那可是借不到钱的。正确的做法是什么呢？有很多办法可供考虑。在我看来，这个人必须得满怀热情，并以此说服对方。那这种热情又是从何而来的呢？它的根源就在于自己那强大的自信心和坚定的信念，坚信自己所做的事情是正确的。基于由这一自信和信念涌现出的热情，自然就会说服银行职员。

"据您所言，公司规模小，无法给予贷款。可是规模小并不意味着实力弱。反倒是船小好掉头，正是因为规模小，才能灵活运转，有着强劲的实力。请您务必理解这一点。"

如果能够以这种方式来试着说服对方，对方也会被你的热情所打动，逐渐加深理解。

"没错，认真考虑的话，的确诚如您所言。好，敝行同意提供贷款。"像这样，事情就会出现良好的转机。

在我看来，不管是卖东西，还是下订单，都是同样的道理。如果没有对自我的信心，那不管遇到大事小事，都只会处处受挫。

这其实是信念的问题，也是自信的问题。有人会问，这一信念从何而生呢？它的根源就在于对"什么才是正确的？"这一问题不断地进行自问自答。只要我们集思广益，不断追求正义，就会生发出自信。不管是多么有智慧的人，如果认为自己所做的事情是错误的，是不好的，就不可能产生出自信。有鉴于此，我们必须得有坚定的信念，坚信自己所做的事情都是对的。正因为都是对的，所以值得向别人推荐。而且，一定要尽一切努力说服对方。照这样的势头，是能够说服对方的。说服了对方，事情也就会顺利推进。

无论是企业经营，还是我们每个人的人生经营，抑或是上升到国家经营的层面，总之，在进行经营之际，我们时刻都得考虑究竟何为正确的事。只有以这一思路为基础，我们才能以更好的状态来开展各种经营活动。